# Inhalt

# Vorwort

»Ich bin noch keine 60, auch nicht nah dran …« Wer kennt sie nicht, diese berühmten Zeilen aus dem Toten-Hosen-Kult-Hit »Wort zum Sonntag«. Damals, im August 1986, als der gerade mal 24-jährige Campino das Album *Damenwahl* einsang und von Kuddel wiederholt ermahnt wurde, bitte nicht so schief zu singen, war die 60 noch ganz weit weg. Zukunftsmusik, im wahrsten Sinne des Wortes. Heute ist diese Zukunft Gegenwart. Und der Tag, an dem er all jenes erzählen würde, »was früher einmal war«, ist gekommen. Die Toten Hosen bejubeln ihr 40-jähriges Jubiläum, Frontmann Campino feiert im Juni 2022 seinen 60. Geburtstag.

Auch Punker werden älter. Und ruhiger obendrein. Am Anfang stand der Lärm. Die einstige Opel-Gang rebellierte gegen die Spießbürgerlichkeit ihrer Elterngeneration, protestierte gegen die Wiederaufbereitungsanlage in Wackersdorf und lieferte sich hier und da eine Straßenschlacht mit der Polizei. Inzwischen werden die müden Knochen mit Wassergymnastik und Ginkgo-Zitronengras-Tee verwöhnt. Auch Campinos rote Haare sind weniger grell, hier und da gibt es grau melierte Strähnen.

Wie Andreas Frege zu Campino wurde, weiß jeder eingefleischte Hosen-Fan. Nach einer Bonbon-Schlacht, von ihm angezettelt, benannten ihn seine Mitschüler nach der gleichnamigen Süßigkeit. Doch wieso verschlägt es den Sohn eines deutschen Richters und einer englischen Lehrerin in die Punker-Szene? Und letztlich auf die Bühne? Campino selbst erklärt seinen Selbstdarstellungstrieb damit, dass er nun mal das fünfte von sechs Kindern sei. Da musste er zusehen, wie er sich »das Essen vom Tisch holte«. Aber das ist natürlich nur ein Bruchteil seiner Lebensgeschichte.

Auch dieses kleine Büchlein hat nicht den Anspruch, die gesamte Existenz des Andreas Frege in jeder Einzelheit zu dokumentieren. Es ist vielmehr wie ein Konzert der Toten Hosen, voller Punk und Spaß, mit lauten und leisen Tönen. Mal provozierend, mal polarisierend und immer überraschend wie die Hosen-Cover-Version »Ohne dich« von Rammstein.

Bei einer ZDF-Wahl der einhundert größten Deutschen wurde Campino vor ein paar Jahren von den TV-Zuschauern auf Platz 65 gewählt, direkt vor dem verstorbenen bayerischen Ministerpräsidenten Franz Josef Strauß. Denn auch wenn der legendäre Punker mit seinen Hosen das erste weithin erkennbare Zeichen für einen anderen Lebensentwurf als das Mainstream-Deutschland Mitte der 80er-Jahre setzen wollte, so wurde und wird er genau von dieser Masse geliebt.

Alles aus Liebe!

## Ich hau dir auf die Fresse

1979, Campino war gerade 17 geworden, durfte er mit seiner ersten Band ZK in der Hamburger Markthalle auftreten. Das Festival hieß „In die Zukunft“ und gab damit eben all jenen vielsprechenden Künstlern, die eine glorreiche Zukunft versprachen, eine Chance – sowie ein dankbares Publikum. Für Campino war es in doppelter Hinsicht eine Premiere. Zum einen war es das erste Mal für ihn, auf der legendären Rundbogenbühne am Klosterwall zu spielen. Zum anderen war er der erste Künstler, dem noch auf der Bühne eine Tracht Prügel angedroht wurde.

Drei Jahre zuvor, Silvester 1976, hatte die Markthalle mit einem Konzert der Krautrock-Gruppe Embryo eröffnet. Schnell wurde die ursprünglich genutzte Blumenhalle eines Großmarktes zum Mekka der Musik-Fans. Denn hier, in diesem roten Backsteingebäude, hatten schon sämtliche Weltstars gerockt. Genauer gesagt traten sie hier auf, bevor sie zu Musik-Giganten wurden: Metallica genau wie Nirvana, AC/DC oder die Red Hot Chili Pepers. Ebenso Motörhead, R.E.M. und Oasis hatten sich von den 1000 Fans im ausverkauften Haus feiern lassen. Das erste Konzert von Depeche Mode vor deutschem Publikum am 25. September 1981 ist bis heute unvergessen. Eigentlich wurde hier jeder Künstler frenetisch gefeiert. Bis eben auf Campino.

Dabei fing alles so vielversprechend an. Campino und seine Band waren von Alfred Hilsberg nach Hamburg eingeladen geworden. Hilsberg galt mit seinem Label What's so funny about als einer der Macher der Punkszene. Er buchte für die ZK sogar ein kleines Hotelzimmer, »das fanden wir sensationell«, erinnert sich Campino. Ihr »erster richtiger Auftritt auswärts« dagegen kam nicht bei allen gut an. Die Hamburger lieben harten Punk, durchweg harten Punk. Dass ZK hingegen auch Songs wie »Heimweh« von Freddy Quinn zum Besten gab, führte zum ersten Unmut im Publikum. Als Campino in seiner kurzen Lederhose dann auch noch eine etwas eigenwillige Performance aufführte, fühlte sich der eine oder andere Punk schlicht verarscht. Campino erinnert sich an einen tätowierten Matrosen, der ihm den gesamten Auftritt über immer wieder die geballte Faust zeigte und rief: »Ich hau dir auf die Fresse«.

Campino: »Also sang ich lieber zur anderen Seite.«

## Ein Kindersarg als Dachbox

Im Jahr 1983 waren die Toten Hosen den Jugendzentren rund um Düsseldorf längst entwachsen. Sie hatten Potential, und ihr Fan-Radius schien sich gefühlt täglich zu vergrößern. Neben Bremen, Hamburg und Berlin gab die Bands inzwischen auch Konzerte in der Schweiz. Also hieß es: erst auf die Autobahn, dann auf die Bühne. Doch was macht eine junge Band, wenn sie auf Tour geht, aber keinen Bus hat? Richtig, sie nimmt einen PKW. In diesem Fall einen knallroten BMW. Und was macht sie, wenn sich die Dachbox als viel zu klein für drei Gitarren erweist? Richtig, sie nimmt einen … Kindersarg! Einen weißen Kindersarg, genauer gesagt, auf dem mit schwarzen Buchstaben »Die Toten Hosen« stand, festgezurrt mit dünnen Expandern. Die Tournee wurde dann intern »Die mit dem Sarg genannt«. Nomen est omen.

Aus provozierender Punkersicht ist so ein Kindersarg auf dem Dach sicherlich eine hervorragende Idee. In punkto Zeitmanagement erwies sich diese Art des Gitarrenkoffers aber doch eher als ungeschickt, zumindest wenn man damit über die Grenze will. Dass die Band von den stutzigen Grenzbeamten jedes Mal freundlich gebeten wurde, doch bitte rechts ranzufahren, ist keine Überraschung. Und wenn die Beamten fragten, was denn da drin sei, in diesem Sarg, und als freche Antwort ein »Wir müssen jemanden abholen« kam – ja, dann brauchte man sich an diesem Tag nichts mehr vorzunehmen. Dann wurde das Auto samt Band auf den Kopf gestellt. Mal wieder. Das kostete laut Campino jedes Mal locker drei Stunden. Die Erkenntnis, dass blöde Sprüche und Zeitdruck nicht zusammenpassen, gab's kostenlos obendrein.

Mit ihrem späteren Busfahrer Uwe Faust blieb der Kindersarg schließlich zu Hause. Das machte die Grenzkontrollen leichter, den ersten Eindruck trotzdem nicht besser. Erst viel, viel später gestand Uwe: »Ich hab' sie anfangs für Säufer und für blöd gehalten.«

# Zwischen Bommerlunder und Blasphemie

Im Juli 1983 waren die Hosen noch relativ unbekannt. Ein Geheimtipp in der Szene. Das sollte sich mit ihrem ersten Hit »Eisgekühlter Bommerlunder« schlagartig ändern. Der Song ist eine Party-Version des Samba-Schlagers »Chiu Chiu« von 1937. In den 50ern entstand aus dieser Melodie zunächst das Wanderlied »Eisgekühlte Coca-Cola« – bis ein paar Punker Cola gegen Kümmelbranntwein austauschten. Die Hosen legten dieser dritten Single ein Probefläschchen Bommerlunder bei und spielten ihre neu auserkorene Hymne bei jeder Gelegenheit. Dass Andi auf seinem Bass nur zwei Saiten hatte und das Schlagzeug keine Toms, spielte keine Rolle. Den Fans gefiel das Lied, ebenso dem Plattenriesen EMI. Er gab der Band 50.000 Mark für einen Videodreh.

Dass sich die Rheinland-Punker für diesen Clip ausgerechnet die St. Willibaldkirche im bayerischen Jesenwang aussuchten, war Zufall. Man kannte jemanden, der jemanden kannte, der wiederum in einer umgebauten Sakristei wohnte und einen Schlüssel für eine Kirche besaß. So wurde die weiße Kapelle vor den Toren des 1500-Seelendorfs zum Schauplatz von Sodom und Gomorra. Gedreht wurde eine wilde Punker-Massenhochzeit, mit Hochzeitskutsche, besoffenen Ministranten und einem ebenso betrunkenen Pfarrer. Dass sich der Gottesmann am Ende des Videos mit Rockern um eine Flasche Schnaps prügelt und obszöne Gesten zum Besten gibt, war für die Einwohner von Jesenwang der Gipfel der Blasphemie. Erst recht, nachdem der Darsteller des Pfarrers von außen gegen die Kirchentür gepinkelt hatte.

Der Dreh an sich dauerte keine 48 Stunden, der anschließende Skandal hingegen deutlich länger. Die BR-Sendung *Pop Stop* strich das Video wegen Verletzung religiöser Gefühle sogar aus dem Programm. Insbesondere die Bewohner von Jesenwang forderten Wiedergutmachung für den schwärzesten Tag in der Geschichte ihrer Gemeinde.

Noch im selben Jahr wurde die Wallfahrtskirche St. Willibald vom zuständigen Pfarrer neu geweiht.

## Fuck you, Mielke!

Es war Ostern 1983. Da standen die fünf Düsseldorfer nun vor der Berliner Mauer und wussten ganz genau, was zu tun war. Der Punk galt in der DDR als Feindbild. Allein schon durch ihr Aussehen gerieten die rebellischen Jugendlichen ins Visier der Stasi – und in das von Erich Mielke, verantwortlich für die Staatssicherheit. Mielke führte den totalitären Stasi-Apparat mit höchster Grausamkeit an und wurde nicht grundlos »Meister der Angst« genannt. Die Toten Hosen hatte keine Angst.

Ursprünglich waren sie nur wegen eines Gigs im »SO36« nach West-Berlin gekommen. Der Musikclub in der Kreuzberger Oranienstraße lag im Postzustellbezirk SO 36, daher der Name, und war längst zum Rückgrat der Berliner Untergrund-Kultur geworden. Die Punk-Welle feierte hier Anfang der 80er ihren Höhepunkt. Klar, dass die Toten Hosen hier nicht fehlen durften. Noch beflügelt von ihrem Auftritt, beschlossen sie nun, dem Herrn Mielke den symbolischen Stinkefinger zu zeigen und die Punkszene im Osten zu unterstützen. Gemeinsam mit der Band Planlos gaben die Toten Hosen ein illegales Geheimkonzert vor rund 40 Fans in einer Kirche in Ost-Berlin. Es war ein (Drahtseil-)Akt der Solidarität für die Unangepassten in der DDR.

Sowieso schlägt das Hosen-Herz seit Anbeginn für den Osten. Auf jeder ihrer Touren in Richtung der heutigen Hauptstadt steuerten sie die Raststätten auf der Transit-Strecke an. Nicht zum Tanken, wie es die meisten »Wessis« taten, nein, Campino & Co. waren allein wegen des Essens hier: Das »Steak mexikanischer Art mit Sättigungsbeilage« war das Leibgericht der Punker.

Ende der 80er-Jahre kehrten die Toten Hosen zu einem zweiten Geheimkonzert in den Osten zurück. Wieder illegal, wieder mit gestrecktem Mittelfinger in Richtung der Stasi. Auch die neue Single »Scheiss Wessis« ist eine Liebeserklärung an den Osten. Wie singt Campino so schön: »Champagner? Nur noch Rotkäppchen-Sekt!«

## Einmal Aquagymnastik für fünf, bitte!

Dass Punker auch nur Menschen sind und das eine oder andere Wehwehchen zum Alter dazugehört, bekommen inzwischen auch die Toten Hosen zu spüren. Vor allem Campino hat nach seinem Hörsturz im Jahr 2018 schmerzhaft erfahren müssen, wie schnell das Rockerdasein zu Ende sein kann. Plötzlich ging nichts mehr, die Konzerte wie auf

Österreichs größtem Festival »Nova Rock« mussten abgesagt werden. Rückblickend gestand der Frontmann sogar, dass er panische Angst davor hatte, dass dies das Ende seiner Musiker-Karriere bedeuten würde. Wenn die Ärzte ihm prophezeit hätten: Noch ein Konzert und du bist taub – »ich will mir gar nicht ausmalen, was gewesen wäre«, sagt er.

Früher schier unkaputtbar, haben sich die Punker längst damit abgefunden, nicht mehr die Jüngsten zu sein und nach 40 Jahren (Drogen-)Exzess ein bisschen besser auf sich aufzupassen, so spießig das klingen mag. Und damit sind nicht nur die geplagten Ohren gemeint. Auch ein Muskelfaserriss oder eine verletzte Sehne würde bei den ausverkauften Tourneen einen ernsthaften Sachschaden nach sich ziehen. Statt Party heißt es daher Physiotherapie. Tatsächlich gehen die Hosen mit einem Therapeuten auf Tour.

Und mit mehreren Köchen. Seit über 25 Jahren werden die Toten Hosen unter anderem von Ole Plogstedt und der »Roten Gourmet Fraktion« auf ihren Reisen verpflegt. Früher, erzählt der Koch, sei Campino mit seinen Rollschuhen durch die leere Konzerthalle gerollt und habe völlig bekleckert nach einem weiteren Nachschlag gefragt.

Heute richten sich die Musiker nach einem »ganz strengen Diätplan«, sagt Campino. Man müsse körperlich gucken, wo man bleibe. Die Zeit der kulinarischen Experimente sei vorbei. Er selbst beschränke sich zum Beispiel auf eine kleine Portion Pasta, die er um 16 Uhr serviert bekomme, das sei es dann für den Tag gewesen.

Noch mehr Rock'n'Roll? Bitte sehr! Statt wie früher nach einem Gig im Hotelpool mit Hochprozentigem zu feiern, trifft sich die Band heute zur Aquagymnastik: »Wir sehen aus wie ein Seniorenheim, das Wassertreten übt«, verrät Campino. Fotos gibt es davon keine. Die Band hat sich geschworen, dass das niemals jemand sehen darf.

Dennoch hat Campino mit dem Älterwerden seinen Frieden gemacht. Er habe sich jede Falte auf ehrbare Weise verdient, und solange er noch mit Gleichaltrigen Fußball spielen kann, »ist doch alles in Ordnung«.

## Mach mal Platz, Mick Jagger!

Am 30. Mai 1990 traten die Rolling Stones im Müngersdorfer Stadion in Köln auf. 140.000

Fans pilgerten zu der britischen Rockband, um Hymnen wie »Satisfaction«, »Sympathy For The Devil« und natürlich »You Can't Always Get What You Want« live zu erleben. Kilometerlange Staus legten in der ganzen Stadt den Verkehr lahm. Auch die Stones selbst steckten in der blechernen Fahrzeugschlange fest. Die Proben fielen darum aus. Dafür gab's ein Feuerwerk mit einem 500.000 Watt-Sound und 2,4 Millionen Watt Licht. Die Bühne an sich war 72 Meter breit und bis zu 30 Meter hoch. Es gab Flammenwände und überdimensionale Gummipuppen. Die passende Kulisse für »The World's Greatest Rock'n'Roll Band«, wie es auf den Flyern stand.

Und für die Toten Hosen!

Das Doppel-Album *Auf dem Kreuzzug ins Glück* war erst vor wenigen Tagen auf den Markt gekommen und stürmte bereits die Charts. Das Stones-Management hatte darum Campino & Co. kurzfristig als Vorband gebucht, quasi als Lokal-Matadoren, auch wenn es der Sänger selbst als »ein Auswärtsspiel« empfand. Dennoch war dieser Gig eine Ehre für die damals noch junge Punkband. Also wurde Vollgas gegeben. Kaum ging die Show los, turnte Campino auch schon auf dem Bühnengerüst herum und sang mit dem

Kopf nach unten hängend. Die Ordner waren völlig überfordert und versuchten, den verrückten Punker irgendwie von da oben runterzuholen, aber Campino ließ sich davon nicht beirren. »Bier, Korn, Schnaps und Wein, wir hören unsere Leber schreien«, grölte er ins Mikro. In C-Dur wohlgemerkt, wie er gern betont. Obwohl jeder weiß, dass von den Hosen kein einziger Noten lesen kann. Und obwohl es im Stadion keinen Alkohol gab.

Die lustigste Erinnerung an diesen Abend fand allerdings hinter den Kulissen statt, genauer gesagt vor dem Catering-Buffet, als »unser korpulenter Roadie Uwe aus Versehen Mick Jagger umrannte«.

Ob es daran lag, dass die Hosen nach nur zwei Konzerten gegen eine andere Vorband ausgetauscht wurden?

## (Fast) Alles für die Fans!

So wie die Fanta-4-Seele für Stuttgart schlägt, Fettes Brot nach Hamburg gehört und die Ärzte mit Berlin verbunden sind, so unzertrennlich sind die

Toten Hosen und Düsseldorf. Jeder, der im Rheinland der 80er- und 90er-Jahre aufwuchs und sich für Rockmusik begeisterte, war Tote-Hosen-Fan. Von der Düsseldorfer Philipshalle über die Grugahalle in Essen bis hin zur Dortmunder Westfalenhalle – die Konzerte waren ein Muss. Um die Ticketpreise niedrig zu halten, verzichteten die Hosen bewusst auf teure Show-Effekte. Und wenn die Konzerte zu schnell ausverkauft waren, traten sie auch schon mal vor den Veranstaltungsorten auf, um allen Pechvögeln ohne Ticket zu ihrem Glück zu verhelfen. Berührungsängste? Gab es nie. Wie oft Campino von der Bühne ins Publikum sprang und von Tausenden Händen getragen wurde, ist kaum zu zählen. *Stagediving*, heißt es im Fachjargon. Campino nennt es ein Bad in der Menge, »um den Leuten zu zeigen, dass man alles gibt«. Es zeige, dass man sich nicht zu gut für irgendwas ist.

Doch mitunter wird eine solche Geste falsch verstanden und die Fan-Liebe manisch. Fünf Jahre lang wurde Campino von ein paar »irren Mädchen« verfolgt, Stalkerinnen mit langen Zöpfen, die sogar seinen Müll durchsuchten. Als der Sänger sie eines Tages zur Rede stellte, um dem Spuk endlich ein Ende zu bereiten, bezahlte er dies mit einem zerkratzten Auto und der

Erkenntnis, nichts Privates mehr in die Abfalltonne zu werfen. Weder Post noch abgeschnittene Fingernägel.

Andere Fan-Begegnungen sind dagegen überraschend. So stand bei einem Konzert in Saarbrücken auf einmal kein Geringerer als Joschka Fischer samt Tochter im Bandraum. Der Politiker, damals noch kein Außenminister, hatte auf seine Tochter gezeigt und erklärt: »Sie ist dafür verantwortlich, dass ich jetzt hier bin.« Für die Schwärmerei seiner Tochter nahm Joschka die 200 Kilometer von Frankfurt ins Saarland auf sich, einfache Strecke wohlgemerkt.

Apropos Schwärmerei: Spätestens seit 2002 gehören 500 Frauen aus Rottweil zu den Campino-Fans. Denn bei einem Konzert im dortigen Club »Kraftwerk« boten die fünf Düsseldorfer den Damen ein besonderes Spektakel, und zwar nur den Damen! Exakt 500 Karten gab es, die in wenigen Stunden vergriffen waren. Wer ein Ticket ergatterte, durfte die Band nicht nur live erleben, sondern in voller Schönheit obendrein – als Krönung wurde den jubelnden Ladys gezeigt, ob die Toten Hosen wirklich tote Hosen haben.

Eben alles für die Fans.

# Von der Bühne ins Kloster

Der 28. September 2008 war kein gewöhnlicher Sonntag. Beim Gottesdienst in der Abteikirche von Meschede stand kein Pfarrer in der Kanzel, sondern ein Punker. »Ich hoffe mit Gottes Hilfe auf bessere Zeiten«, so beendete Campino seine ganz persönliche Messe. Die Kirche war voll wie selten, 450 Besucher standen und saßen, viele hockten auf dem Fußboden. Ein Mitglied der Toten Hosen als Prediger zu erleben kommt schließlich nicht jeden Tag vor. Es war keine Show, die der Sänger hier abzog. Auch auf laute Töne verzichtete er ganz bewusst. Der Tod seines Vaters habe dazu geführt, seine »Einstellung zum Glauben zu überdenken«. Genauer gesagt waren es Briefe seines Vaters, die er auf dem Dachboden fand. Briefe, die sein Vater als junger Soldat aus Russland nach Hause geschickt hatte. In sehr persönlichen Zeilen beschrieb er, wie das Gottvertrauen ihm half, das Leiden im Krieg zu überstehen.

Was die wenigsten wissen: Campino wurde christlich erzogen. Sein Vater war Presbyter. Als Junge saß er sonntags zwar immer hinten auf der Holzbank »und wollte einfach nur, dass es vorübergeht«. Trotzdem hat ihn das Thema nie losgelassen. 2005 zog es Campino das erste Mal selbst ins Sauerländer Kloster. Er suchte einen Ort, an dem er sich auf die wichtigen Dinge im Leben konzentrieren konnte. Fünfmal am Tag ging er zu den Gebeten, um das mönchische Leben nachzuvollziehen: Es wird geschwiegen und gebetet. Um halb fünf wird aufgestanden. Und wer seine Ruhe zum Arbeiten haben will, bekommt ein Kämmerchen zur Verfügung gestellt. Immer wieder kehrt Campino ins Kloster zurück, um sich Auszeiten zu nehmen. Mit dem dortigen Abt verbinde ihn längst eine innige Freundschaft, »von der ich weiß, dass sie für immer hält«. Ein tröstlicher Gedanke.

Seinen Glauben bezeichnet er als »Kraftquelle« und empfiehlt jedem, »nicht so schnell die Tür davor zuzumachen«. Schließlich gebe es genügend Beispiele von Menschen, die über sich selbst hinauswachsen und Kräfte gewinnen, die nur durch ihren Glauben zu erklären sind.

An alles, was die Kirche »da draußen serviert«, glaubt er dennoch nicht. Nur an das Gute und an die Liebe und daran, »den Sinn des Lebens immer neu zu finden«. Amen!

## Pool-Party mit Anzeige

»Alt genug, um es besser zu wissen, jung genug, um es trotzdem zu tun.« Treffender lässt sich folgende Szene nicht zusammenfassen:

Es war eine laue Sommernacht im Juni 2018, als Campino, angetrunken und noch aufgekratzt vom abendlichen Konzert, auf die fabelhafte Idee kommt, baden zu gehen. Natürlich mit Mann und Maus – oder Mäuschen in diesem Fall. Und so postete er kurz darauf breit grinsend ein Jubel-Foto von sich in Badehose vor einem Pool, links und rechts je eine Bikini-Schönheit, in der linken Hand eine Flasche Fusel. »Sonntag 1:54 baden gehen in Dresden …«, kommentierte er den Schnappschuss.

Zum morgendlichen Kater gab's obendrein eine Anzeige wegen Hausfriedensbruch. Denn für ihr Planschvergnügen sind die Toten Hosen unerlaubterweise ins Georg-Arnhold-Bad eingedrungen – mit Fotobeweis.

Campino persönlich schrieb daraufhin einen Entschuldigungsbrief an die Dresdner Bäder und erklärte darin, dass sie sich »eigentlich fest vorgenommen hatten« zu warten, bis das Schwimmbad wieder öffnet. Allerdings sei der Anblick so einladend gewesen, und man habe noch in derselben Nacht wieder im Tourbus sitzen müssen. Also habe man der Versuchung nachgegeben, auch deshalb, weil »alle einen sitzen hatten«. Zum Schluss versprach Campino, sich das nächste Mal zu bemühen, die Öffnungszeiten einzuhalten. Obendrein gab's eine Spende von 5000 Euro – für das noch ausstehende Eintrittsgeld und um etwaige Erneuerungsmaßnahmen zu unterstützen.

Da war die Bäder GmbH Dresden die eindeutige Gewinnerin dieser Aktion. Nicht nur, weil sie die Sache auf sich beruhen ließ, sondern weil sie mit ihrer Antwort gekonnt auf die bekanntesten Hits der Band anspielte: »An Tagen wie diesen« sei es wohl das Beste, »einen Schlussstrich unter die Nacht der Nächte zu ziehen«, antworteten sie. Es solle auf keinen Fall einen juristischen Streit bis zum bitteren Ende geben. Nichts bleibe für die Ewigkeit, und deshalb setze man jetzt hoffentlich »einen Punk(t)« unter die Sache.

Allerdings wurde der Abbitte-Brief nicht von allen so humorvoll aufgenommen. Vor allem von Seiten der Lokal-Politik gab es heftige Kritik und keinerlei Verständnis »für eine allzu nachsichtige und tolerante Bewertung dieser Vorgänge«.

Schließlich stünden die Toten Hosen nicht über dem Gesetz, und ein Sonderrecht für Prominente dürfe es nicht geben.

## Ich war 17 …

Es war 1979. Der junge Andreas Frege ging in die Oberstufe des Düsseldorfer Humboldt-Gymnasiums. Er war nach zwei Ehrenrunden der Älteste im Jahrgang. Mit schlechten Noten hatte er genügend Erfahrung, mit Sex dagegen noch nicht. Was sicherlich auch daran lag, dass über Sachen wie Sex und Verhütung im elterlichen Haus in Mettmann kaum geredet wurde. Aufgeklärt wurde der spätere Musiker von seinen älteren Geschwistern. Mit seinen 17 Jahren war Campino daher ein sexueller Spätzünder. Das sollte sich nun endlich ändern. »Sie war etwas älter und viel erfahrener als ich«, erinnert sich Campino an sein erstes Mal. Um sich lockerzumachen, besorgte er sich Drogen. Kleine Mutmacher, sozusagen. Als Glanzleistung würde er sein »Mannwerden« rückblickend nicht bezeichnen. Es wurde rumgevögelt, aber sensationell war es nicht gerade. Campino fühlte sich überfordert, wusste noch nicht so recht, was da von ihm erwartet wird. »Das konnte ich erst später so richtig einordnen«, verriet er. Eine Erkenntnis aber ist hängen geblieben, nämlich dass es kein Kamasutra braucht, um zwischen den Laken ausgiebig Spaß zu haben. Bis heute sind ihm Stellungen im Bett »so was von unwichtig«. Denn wenn man nicht auf die jeweilige Person stehe, nutze die beste Turnstunde nichts. Und umgekehrt: Wer verknallt ist, der vögelt auch jahrelang fröhlichmunter in der Missionarsstellung.

Es war trotz des sperrigen Einstands in der Horizontalen nicht das letzte Mal, dass er Sex hatte. Ebenso wenig wie es das letzte Mal war, dass er Sex auf Drogen hatte. Allerdings hat der Musiker auch hier dazugelernt: Berauscht solle man sich nur mit jemandem einlassen, dem man zu einhundert Prozent vertraue. Nur so könne man sich fallen lassen, die Ekstase voll und ganz genießen, dann könne Sex auf Droge »der totale Hammer sein«. Allerdings macht – um es frei nach Paracelsus zu formulieren – auch in diesem Fall die Dosis das Gift. Denn wenn man es mit den Drogen übertreibt, kann das 70er-Jahre-Tapetenmuster der Schlafzimmerwand plötzlich spannender sein als die nackte Frau im Bett.

Oder wie es Campino formuliert: »Du bist halt einfach nicht mehr konzentriert.«

## Die toten Hasen

Nach dem Ende seiner Band ZK (Zentralkomitee Stadtmitte) fasste Campino einen folgenreichen Entschluss, nämlich nur noch mit Freunden spielen zu wollen. Alles andere machte für ihn keinen Sinn mehr. Und so wurden die Toten Hosen im Ratinger Hof in Düsseldorf von fünf Kumpels gegründet – von Kuddel, Andi, Trini, Walter November und natürlich dem Sänger selbst. Das erste Konzert ließ nicht lange auf sich warten. Allerdings rockten die Hosen nicht in Düsseldorf, wie die meisten wohl vermuten, nein, das erste Konzert fand im 300 Kilometer entfernten Bremen statt, im Keller eines Schlachthofs in Bahnhofs-Nähe. Am Ostersamstag 1982.

»Es war wohl ein Druckfehler angesichts der nahenden Osterzeit«, erzählt Campino rückblickend, denn die Musiker wurden als »Die toten Hasen« angekündigt.

Seither macht sich die Band einen Spaß daraus, unter falschem Namen aufzutreten. Am liebsten in kleinen Clubs mit intimer Atmosphäre. Unter Fans sind diese Inkognito-Konzerte legendär. Die bekanntesten Pseudonyme sind »Essen auf

Rädern«, »Rheinpiraten«, »Das Katastrophenkommando« oder »Die Jungs von der Opelgang«. Obwohl Campino mit Sicherheit noch den einen oder anderen Namen in petto hat. Bei ihrem tausendsten Konzert im Düsseldorfer Rheinstadion kamen die Hosen als »Die Roten Rosen« sogar einmal als ihre eigene Vorgruppe auf die Bühne. Als die Fans ihre Helden erkannten, tobte die Pogo-Masse.

Übrigens findet Campino den Bandnamen »aus heutiger Sicht relativ blöd«, wie er gesteht. Der Name entstand in einer Zeit, als sich die Bands gegenseitig mit coolen Namen überboten, wie Razzia oder HASS. Da fanden es die Hosen schlicht lustig, einen Gegenpol zu bilden. Allerdings sorgte der Name anfangs für Probleme. Denn wenn die Jungs in Jugendzentren anriefen, um zu fragen, ob sie ein Konzert spielen dürften, dachten viele an einen Telefonstreich und legten direkt wieder auf. Das Schlager-Duo Amigos, sagt Campino anerkennend, habe einen sehr cleveren Namen gewählt, weil dieser weltweit funktioniert und leicht auszusprechen sei. Amigos funktioniere auf Deutsch, Englisch und Spanisch.

Doch für einen neuen Namen, habe er das Gefühl, sei es »jetzt zu spät«.

# Wer nichts bereut, hat nichts (dazu-)gelernt!

Mai 2012: Die Toten Hosen geben eines ihrer berühmten Wohnzimmerkonzerte in einem Fußballvereinsheim im sächsischen Plauen. Ungefähr 40 Fans sind dabei, von jung bis alt. Ebenso zwei Reporter. Ob es der bevorstehende 50. Geburtstag ist, der Campino dazu bewegt, über seine Vergangenheit zu sinnieren?

Offen erklärt er, viele Dinge in seinem Leben zu bereuen, vor allem die eine oder andere Drogen-Erfahrung. Rauschmittel an sich verteufele er nicht – dazu ist er zu sehr Punk –, Kokain hingegen beschreibt er als die blödeste Droge von allen, weil sie einen »charakterlich zu einem absoluten Arschloch werden lässt«. Auch ist er sich im Nachhinein sicher, dass er den einen oder anderen Freund aus dem Drogensumpf hätte retten können, wenn man doch bloß auf der Partystraße »eine Kreuzung früher abgebogen wäre«, so zum Beispiel Tote Hosen-Roadie Bollock, der mit Heroin abrutschte. Ein anderer aus dem Freundeskreis landete wegen Dealens mit Kokain im Gefängnis. Ihr Cover-Hit »Cocaine In My Brain« auf dem 2002 erschienenen Album

*Auswärtsspiel* sei darum alles andere als eine Drogenhymne, »eher das Gegenteil«, wie Campino betont. Im Text gehe es um jemanden, der es genommen habe und den es innerlich zerstöre.

Drogen waren im Laufe der Jahre aber nicht die einzige dumme Idee. So bekennt der Frontmann rückblickend, dass es sicherlich nicht allzu clever war, seinen Kopf während der Konzerte immer ins Schlagzeug zu stecken oder die Ohren bei lauten Festivals in die Hochtöner zu halten. Warum Campino das damals tat? Weil er etwas beweisen wollte. Nur was genau, das weiß er heute selbst nicht mehr. Die Folgen dieser Jugendsünden sind irreparabel. Hohe Frequenzen höre er kaum noch, auch hohe Weckertöne seien ein Problem. »Das bereue ich definitiv«, sagt er.

Reue und Punk? Passt das? Auf jeden Fall! Den Satz »Ich bereue nichts« hält Campino »für einen der dümmsten, den man sagen kann«, da man aus Fehlern immer auch lerne. Schließlich reflektiere man im Nachhinein das eigene Verhalten, um es beim nächsten Mal besser zu machen. Hätte er damals geahnt, was die Zukunft alles bringen würde, »dann hätte ich mir damit mehr Mühe gegeben«.

# Die Pipi-Flecken sind nur aufgemalt

Es war 1983. Gitarrist Walter November, der dummerweise keine Gitarre spielen konnte, verließ die Band, um zu den Zeugen Jehovas zu konvertierten. Mit Breiti als Ersatz war dieser Verlust verschmerzbar und so starteten die Hosen mit dem Debütalbum *Opel-Gang* ihre, wie wir heute wissen, einzigartige Karriere. Gesanglich und instrumental war noch Luft nach oben, daher wurde das musikalische Defizit mit jeder Menge schrägem Humor kompensiert. Allerdings fanden die Scherze nicht überall Anklang. So lösten bereits die gelben Plakate zur allerersten Hosen-Tour einen Skandal aus. Darauf war eine nackte Frau zu sehen, samt einer verheißungsvollen Ankündigung in schwarzen Großbuchstaben: »Roswitha kommt«. Darunter in ganz kleinen Buchstaben hatte die Band geschrieben: »… nicht, dafür aber die Toten Hosen«. Vor allem in Süddeutschland reagierten die Grünen schockiert auf eine so vulgäre Konzertwerbung und überklebten kurzerhand das Plakat.

Auch innerhalb der Band herrschten spaßig-absurde Regeln, die sich die Jungs selbst auferlegten. So musste derjenige fünf Mark bezahlen, der auf einem Pressefoto mit einer Uhr zu sehen war.

Wer dagegen am längsten während einer Tour dieselben Klamotten trug, wurde ausgezeichnet – und dabei ging es um ihre synthetischen Tournee-Hemden, die nicht lange brauchten, um übel zu stinken. Völlerei wurde hingegen bestraft. Wer sein Idealgewicht zum ersten Tourneeauftritt nicht erreicht hatte, musste die überschüssigen Kilos »mal 1.000 an Brot für die Welt zahlen«, erzählt Campino.

Was die wenigsten wissen: Der bunt-schrille Secondhand-Kleidungsstil der Toten Hosen wurde intern festgelegt. Sie wollten als Gang erkennbar sein. Auch wenn die klassischen Lederjacken mit den aufgenähten Patches auf dem Rücken natürlich verpönt waren. Das Motto hieß: Mut zur Hässlichkeit, mit dem Ziel, die am schlechtesten gekleidete Band der Punkszene zu sein, so uncool wie nur irgend möglich. »Wir waren fasziniert von Geschmacklosigkeiten«, sagt Campino rückblickend. Sie wollten die Erwartungen herunterschrauben, um das Publikum schließlich zu verblüffen.

Einmal habe er sich sogar Pissflecken mit gelber Kreide auf eine weiße Hose gemalt – »da war ich damals ganz stolz drauf«.

# Pantalones muertos

1992 feierten die Hosen ihr zehnjähriges Bestehen mit ihrer Europa-Tour »Menschen, Tiere, Sensationen«. Der Auftakt? Am 5. März stilecht in London. Es folgten Konzerte in der Schweiz, in Spanien und Frankreich, in Schweden und Dänemark. Natürlich wurde die Heimat nicht vergessen, in den beiden Abschlusskonzerten rockten die Hosen in Karlsruhe und auf der Loreley. So weit, so normal für eine deutsche Punkband.

Aber dann lagen plötzlich Flugtickets in der Post.

Ein in Argentinien lebender deutscher Fan hatte die Toten Hosen nach Buenos Aires eingeladen, mit der dringlichen Bitte, doch einmal vor den argentinischen Fans zu spielen. Kurz darauf saß die Band im Flieger und durfte sich auf einen ihrer unvergesslichsten musikalischen Momente freuen. Schon wie die Argentinier voller Inbrunst »Hier kommt Alex« und »eisgekühlter Bommerlunder« mitgrölten, war spektakulär. Aber die Aussprache war egal, hier wurde allein mit dem Herzen gesungen. Bei einem ihrer Konzerte ging es sogar so wild zu, dass die Bühne der wild tanzenden Menge nicht standhielt und zusammenbrach.

Mit diesem ersten Auftritt vor genau 30 Jahren begann zwischen den *Pantalones muertos*, wie die Toten Hosen auf Spanisch genannt werden, und Argentinien eine »Liebesgeschichte«. Campino schwärmt: »Wir sind wie ein eingespieltes Ehepaar.« Seither kehrten die Hosen immer wieder nach Südamerika zurück, gaben unter anderem spontane Straßenkonzerte, die für Stau, Randale und Wasserwerfer sorgten. Einer der Gründe, warum die *Pantalones muertos* in Argentinien wie Volkshelden gefeiert werden, ist ihr Konzert während der dortigen Wirtschaftskrise im Jahr 2001. Kein anderer ausländischer Künstler reiste damals nach Argentinien, weil das Land pleite und jeder Auftritt ein Minusgeschäft war. Den Hosen war dies egal. Sie kamen und spielten für 50 Pfennig das Ticket. Campino: »Das haben die Argentinier uns nie vergessen.«

Um zu zeigen, wie sehr ihm diese Beziehung unter die Haut geht, ließ sich Campino in Buenos Aires ein Tattoo mit dem Konterfei von Tango-Legende Carlos Gardel sowie dem Schriftzug »Mi Buenos Aires querido« (zu Deutsch: »Mein geliebtes Buenos Aires«) stechen.

2012 wurde die Band – auf Initiative von Fans – zu Ehrenbürgern der Stadt Buenos Aires ernannt.

# ... ab jetzt nur noch nüchtern!

1990, im Tourbus von Innsbruck nach Zürich: Die Hosen waren seit Wochen mit ihrer »Kreuzzug zum Glück«-Tour unterwegs und hatten Lust, ihren Erfolg zu feiern. Auf dem Programm stand nur noch ein Konzert in der Schweiz, das Ende war nahe, die Stimmung dementsprechend ausgelassen. Und so begannen Campino und der damalige Drummer Wölli, sich fröhlich einen hinter die Binde zu kippen. Es gab Bier, Whisky und das ein oder andere Näschen Koks und Speed. »Wir waren voll drauf mit allem, was es gab«, erinnert sich Campino.

Dass die Hosen in den 80ern betrunken auf der Bühne standen und anfangs sogar besoffener waren als ihre wenigen Zuschauer, gehörte zum Punk-Dasein einfach dazu. Spätestens mit ihrem »Altbierlied« (1986) wurde der gepflegte Rausch zelebriert: »Ja, sind wir im Wald hier, wo bleibt unser Altbier?« Doch 1990 hatten es selbst die Düsseldorfer Partyhelden übertrieben. Dabei hatten sich die Hosen so fest vorgenommen, »professioneller zu werden« und in puncto Alkohol mehr Disziplin zu zeigen. Sechs Wochen lang ging es gut. Bis eben zur besagten Busfahrt, die den Auftakt zu einem 48-Stunden-Feier-Marathon bildete.

Ohne Schlaf. Und ohne Happy End, um mal vorzugreifen.

Denn als die Band schließlich auf die Bühne ging, legte sich Campino erst einmal »voll auf die Fresse« und kam von alleine nicht mehr hoch. Danach hielte er sich schwankend am Mikrofonständer fest. Schlagzeuger Wölli erging es ähnlich: »Er konnte seine Stöcke nicht mehr halten.« Ein Roadie hatte ihm daraufhin die Drumsticks mit Klebeband an den Händen befestigt. Nach fünfzehn Minuten, in denen die Band kein einziges Lied richtig hingekriegt hatte, wurde der Gig abgebrochen. Backstage herrschte Fassungslosigkeit, während Campino und Wölli heulend in der Ecke saßen.

Seitdem wurde nur noch nüchtern gespielt.

Heute hat Deutschlands »Vorzeige-Punk« dem Alkohol zwar nicht gänzlich abgeschworen, aber zumindest das exzessive Saufen lässt Campino sein. Er stecke es nämlich nicht mehr so gut weg. Beziehungsweise, so gesteht er, habe er es nie gut weggesteckt, nur damals sei es einfach egal gewesen. Zudem ist Campino in einem Alter, wo er nicht mehr besoffen auf der Straße gesehen werden möchte, auch seinem Sohn zuliebe. Wenn man 20 ist und völlig breit gegen ein Halteschild läuft, dann habe so ein Vollrausch etwas Romantisches. Jung und besoffen – verziehen. »Alt und besoffen«, sagt Campino, »ist eher traurig.«

## Mit Ganzkörper-Kondom im Flieger

Jeder, der schon einmal geflogen ist, weiß um die akribischen Sicherheitskontrollen vor Langstrecken-Flügen. Schuhe aus. Taschen leer. Deos nur in kleinen 100 ml-Dosen. Da wird getastet, gescannt, gefilzt. Privatsphäre? Fehlanzeige. Was die Security wohl sagt, wenn sie Campino kontrolliert? Der Sänger schlüpft vor Interkontinental-Strecken nämlich in eine Art Ganzkörper-Kondom, »in so eine Art Gummi-Anzug«, verrät er.

Die Idee dazu hatte sein Physiotherapeut, der sich seit Jahren um das körperliche Wohlergehen der Punker kümmert. Vor allem Campino braucht jemanden, der etwas auf ihn achtet. Der Sänger hat nämlich die Angewohnheit, bis an seine Grenzen zu gehen – und darüber hinaus. Wenn er nach einem Konzert nicht fix und fertig in der Ecke sitzt und pumpt wie ein Maikäfer, dann hat er das Gefühl, nicht alles gegeben zu haben. Seine Fans hätten es nun mal verdient, dass er sich für sie verausgabt – »obwohl ich weiß, dass dies Unsinn ist«. Inzwischen hat er gelernt, eine Tournee nicht als Sprint zu betrachten, sondern als Marathon, bei dem er seine Kraft einteilen muss: »Sonst ist der Akku bald leer.« Und so trinkt Campino brav vor jedem Konzert einen Sud, den ihm seine Heilpraktikerin empfohlen hat. Seitdem musste er kaum noch einen Abend aus stimmlichen Gründen absagen.

Und er schlüpft eben brav vor jedem Langstrecken-Flug in seine Ganzkörper-Thrombose-Socke. Allerdings erst kurz vorher auf der Flughafen-Toilette, in der Hoffnung, niemals damit gesehen zu werden. Was ihn tröstet, ist die Tatsache, dass diese Anzüge vor allem von Hochleistungssportlern getragen werden, weil sie den Kreislauf stabil halten und dafür sorgen, dass man nach einem Zwölf-Stunden-Flug fitter ankommt.

Campinos Fazit: »Nicht gerade sexy, aber effektiv.«

# Ich singe nicht, versprochen!

Es war die Nacht nach dem 26. Mai 2018. Der FC Liverpool hatte gerade das Champions-League-Finale gegen Real Madrid mit 1:3 verloren. Dem Ärger über die Niederlage folgte erst das klassische Frust-Saufen und schließlich die Freude über das bisher Erreichte. Anders ist dieses feuchtfröhlich wirkende Video von Campino und Jürgen Klopp nicht zu erklären. Campino trug sein rotes FC-Liverpool-Glücks-Trikot, Jürgen ein weißes Shirt und eine Basecap mit dem Schirm nach hinten. Nüchtern wirkten sie nicht, weder der Edelfan aus Düsseldorf noch der Erfolgstrainer. Und so entstand in der Mitte von Freunden dieses selbst gedichtete Lied über den wunderschönen Henkelpott, der zum Greifen nah gewesen war. Das Lied endet mit den Zeilen: »Er musste leider nach Madrid, wir holen ihn nächstes Jahr zurück.«

Ein Jahr später löste der FC Liverpool dieses Versprechen übrigens ein und gewann die Champions League im Endspiel gegen Tottenham Hotspur mit 2:0. Es kam, was kommen musste: Campino und Jürgen griffen erneut zum Mikrofon. Sie hatten den Henkelpott zurück auf die Insel gebracht: »Back to Liverpool, cause we promised we will do!«

Die noch recht junge Freundschaft von Campino und »Kloppe« begann ein paar Jahren zuvor mit einer WhatsApp-Nachricht. Der Sänger, seit Kindesbeinen ein treuer Anhänger der »Reds«, schrieb Jürgen als neuen Vereinstrainer einfach mal an, die Nummer hatte er von einem gemeinsamen Kumpel aus Dortmund bekommen. Als Campino für ein Liga-Spiel in England war, lud Jürgen ihn daraufhin direkt zu sich nach Hause ein. Statt einem Bier aus dem Kühlschrank entschied sich Campino übrigens für ein Glas Champagner. So viel zum Punkrocker, wie Jürgen grinsend kommentierte.

Als Klopp im September 2021 mit dem »German-British #Freundship Award« für seine Verdienste um die deutsch-britischen Beziehungen ausgezeichnet wurde, hielt kein Geringerer als Campino die Laudatio. Für den (unwahrscheinlichen) Fall, dass unter den 300 geladenen Gästen im BVB-Stadion nicht ausschließlich Fans saßen, gab er gleich Entwarnung: »Keine Sorge, ich werde heute nicht singen.«

## Im Flirten ein ziemlicher Schisser

Gerade 30 geworden, wurde Campino durch die Fotos von Gabo quasi über Nacht zum Frauenschwarm. Ein neues Image, mit dem er erst mal umzugehen lernen musste. Vorher war die Optik, wie der Punker beteuert, wahrlich kein Thema. Vor allem, weil er sich selbst nie als gut aussehend empfunden hatte, »ich bin auch nie selbstsicher in einen Raum gekommen«. Inzwischen findet er es ganz okay, als attraktiv bezeichnet zu werden. Jeder Mensch ist für Komplimente empfänglich, selbst die härteste Hose auf der Welt. Er fände es eher trauriger, wenn man ihn als Scheißtypen bezeichnen würde.

Doch als Frauenschwarm zu gelten ist die eine Sache, Frauen zum Umschwärmen sind eine völlig andere. Denn unser Vorzeige-Punker mit der sonst so großen Klappe ist beim Flirten »ein ziemlicher Schisser«, wie er gesteht, und schüchtern obendrein. Sehr schüchtern sogar. Es habe in seinem Leben einige Situationen gegeben, in denen er vor lauter Aufregung den Mund nicht aufgekriegt habe. Einer eben kennengelernten Frau zu sagen, dass er sie gern wiedersehen würde, habe er sich tatsächlich noch nie getraut. Rückblickend sagt er, dass er sicherlich mehr vom Leben gehabt hätte, wäre er in der Lage gewesen, sich in solchen Momenten einen Ruck zu geben.

Seine heutige Frau habe er »vor der Haustür, sozusagen« kennengelernt. Die Liebe sei langsam, aber stetig gewachsen und immer fester geworden. Und das ganz ohne Anmach-Spruch. Sein Geheimnis? Campino augenzwinkernd: »Ich sehe eine Frau und überfalle sie mit Zuneigung.«

## Im Irokesenschnitt zur Bundeswehr

Kaum hatte Campino 1983 sein Abi in der Tasche, wurde er zu seinem Leidwesen zur Bundeswehr eingezogen. Der Sänger hatte zwar verweigert, doch der Schriftkram verzögerte sich. Also hieß es: ab zur Grundausbildung in die Diedenhofen-Kaserne nach Wuppertal-Ronsdorf. Dass sich seine Motivation, Soldat spielen zu müssen, in Grenzen hielt, kann sich jeder denken. Und dass es noch weitere acht Monate dauern sollte, bis seine Verweigerung anerkannt wurde und er seinen Zivildienst in einer Nervenheilanstalt in Düsseldorf-Grafenberg absolvieren durfte, machte die Situation nicht gerade einfacher. Weder für ihn – noch für seine Kompanie.

Also tat Campino das, was ihm am sinnigsten erschien: sich die Sache erträglich zu trinken. Auf dem Weg zur Kaserne war er oft so voll, dass er auf der Autobahn anhalten musste, um die Schilder zu lesen: »Ich habe damals den Kontrollverlust und Exzess gesucht.« Nach einem freien Wochenende tauchte der Sänger in der Kaserne mit einem Irokesenschnitt auf – gefärbt in den Farben Schwarz, Rot und Gold. Sein damaliger Kamerad Martin Temme erinnert sich an den Anblick, als ob es gestern wäre: »Darauf gab's direkt ein Disziplinarverfahren.«

Nur einmal zeigte sich der Rebell ganz brav und von seiner besten Seite, nämlich als sein Vater ihn in der Kaserne besuchte. Man muss wissen, dass Papa Frege als Offizier im Zweiten Weltkrieg in Stalingrad kämpfte und auch im Alter keine Reserveübung verpasste. Und man muss ebenso wissen, dass Campino genau in Papas Bataillon diente. Sein Vater kannte jeden Kommandanten und war über alles informiert …

… bis auf die Tatsache, dass sein Sohn den Dienst an der Waffe verweigerte. Bei einer Feier, als Campinos Kompanie zu Ehren der altgedienten Offiziere aufmarschieren sollte, musste der Sänger schließlich Farbe bekennen. Und so beichtete er seinem überraschten Vater, dass er beim Exerzieren fehlen würde: »Ich werde in der Küche sein und spülen.« Noch überraschter war allerdings Campino selbst, als sein Vater ihn in den Arm nahm und meinte: »Junge, du hast schon größeren Mist gebaut.«

## Das Todesdrama

Der 28. Juni 1997 ist ein Datum, das Campino niemals vergessen wird. Niemand in der Band wird das. Auch die Fans wissen um die tragische Bedeutung dieses Tages. Dabei hätte der 28. Juni 1997 als Höhepunkt in der Geschichte der Toten Hosen verewigt werden sollen. Die Karten für dieses tausendste Konzert im Düsseldorfer Rheinstadion waren seit Monaten ausverkauft. 65.000 Fans erlebten in den ersten 45 Minuten das vielleicht beste Hosen-Konzert aller Zeiten. Mit »Hier kommt Alex« wurde die Party eröffnet. Und mit jedem Hit wurde mehr getanzt, getrunken, gefeiert, geschubst. Bis sich der Pogo-Wahnsinn im Innenraum verselbstständigte – und schließlich eskalierte. Eine 16-jährige Niederländerin namens Rieke wurde in dieser kochenden Masse zu Tode gequetscht, 300 weitere Fans wurden verletzt.

Dass im Nachhinein Unverzeihliche war: Es sollte eskalieren. Als Existenzberechtigung der Toten Hosen sagte Campino stets, dass »bei uns Party ist«, dass die Leute schwitzen und es ein bisschen ruppiger zugeht. Die Band verglich ihre Konzerte gern mit einer Achterbahnfahrt. Das Credo der Punker hieß: »Wir sind die Toten Hosen. Betreten auf eigene Gefahr.« Noch heute schämt sich Campino für diesen Spruch und dafür, die Verantwortung abgegeben zu haben. Man habe eben doch immer eine Verantwortung.

Schon während dieses Konzerts wurde die heile Hosen-Welt auf den Kopf gestellt. Nach den ersten, besten 45 Minuten wurde die Show unterbrochen. Auf Zuruf von Tourmanager Kiki Ressler verließen Campino, Kuddel, Breiti, Andi und Wölli zunächst die Bühne. Die Fans nutzten diese Pause zum Pinkeln und um Bier zu holen. Die Band dagegen erfuhr in jenen Minuten vom tragischen Tod des Mädchens. Um eine Panik zu vermeiden, sollte weitergespielt werden. Das taten sie. Geschockt. Geläutert. Gebrochen.

Es war Campino, der nach diesem Unglück mit der Mutter des Mädchens sprach. Bis heute stehen sie in Kontakt mit der Familie, der Song »Alles ist eins« ist ihr und ihrer Familie gewidmet. Vorwürfe von Riekes Mutter gab es nie. Sie sagte zu Campino: »Rieke ist nicht wegen euch gestorben, sondern sie ist bei euch gestorben.«

Gitarrist Kuddel antwortete viel später einmal auf die Frage nach seinem persönlichen Höhepunkt der Bandkarriere: »Unser tausendstes Konzert.« Und auf die Frage nach dem Tiefpunkt: »Unser tausendstes Konzert.«

## Hosen runter!

Was Jimi Hendrix kann, können die Hosen schon lange. Sogar besser. Und so entstand in Anlehnung an Hendrixs bekanntes Nude-Cover »Electric Ladyland« das ebenso nackte CD-Cover der Toten Hosen. Für ihr erstes Best-of-Album *Reich & Sexy* ließen sich Campino, Kuddel, Breiti, Andi und Wölli daher gleich mit 15 nackten Frauen ablichten. Das war 1993.

Was damals keiner ahnte, war der aufkommende Ehrgeiz, dieses Nackt-Cover noch einmal zu toppen, nämlich zum 20-jährigen Band-Jubiläum. Und wie? Ganz klar, mit noch mehr nackten Frauen. Insgesamt 75. Für das Cover ihres neuen

»Best of«-Albums *Reich & SexyII – Die fetten Jahre* engagierten die Punkrocker darum nicht nur den Star-Fotografen Andreas Gursky, sondern obendrein einen Doppeldecker-Bus voller Models. Der Plan Campinos war: »Es musste bodenlos unverschämt sein.« Eine Übung in Selbstverarsche, wie sie für die Hosen eben typisch ist. Am liebsten hätte Campino noch viel mehr Frauen engagiert, und dazu Top-Models vom Kaliber Claudia Schiffer und Naomi Campbell, aber das hätte den Etat gesprengt.

Auch ohne Top-Models waren die sonst so extrovertierten Musiker ziemlich überfordert mit der Situation – und kleinlaut, wie Campino verrät: »Es war nicht so sexy, wie man sich das vorstellt.« Das Fotoshooting sei eher verklemmt und mechanisch abgelaufen, bis jeder geschminkt war und in der richtigen Position stand. Jeder in der Band gab sich zudem die allergrößte Mühe, die nackten Frauen nicht zu lange anzugaffen. Die Ladys selbst guckten gern. Vor allem als Campino für eine Einstellung splitterfasernackt nach vorne laufen musste, um die Kamera-Einstellung zu kontrollieren. Ein etwas »blöder Moment«, beschrieb es der Sänger anschließend. Doch Breiti traf es noch härter. Weil bei einem der Shootings alle anderen Band-Kollegen verhindert waren, musste der Gitarrist alleine ran – und wurde von den Damen prompt johlend beklatscht, als er beschämt den Bademantel fallen ließ. Dass Breiti direkt knallrot wurde, darf sich der harte Punker noch heute anhören.

Auf die Frage eines Reporters, ob bei dem Shooting denn Telefonnummern mit den hübschen Damen ausgetauscht wurde, antwortete Campino augenzwinkernd: »Wir waren leider nackt und hatten nichts zu schreiben.«

## Die Ärzte und der zerschnittene 1000-Mark-Schein

Am 30. Dezember 1984 hatten die Hosen einen Gig im Ballhaus Tiergarten in der Perleberger Straße. Als Vorband spielten die Suurbiers, eine Berliner Fun-Punk-Band. So weit, so harmlos. Bis Bela B. von den Ärzten auftauchte. Bela war über die Suurbiers-Gästeliste reingekommen. Und Campino? Der war *not amused*. Die Hass-Beziehung zwischen den Toten Hosen und den Ärzten war zu dieser Zeit auf dem Höhepunkt. Dabei herrschte zwischen den beiden Kult-Bands anfangs sogar ein freundschaftliches Verhältnis. »Das ist zerbrochen, weil die unbedingt berühmt werden wollten«, erzählt Campino. Vor allem, dass sich die Ärzte mit der *Bravo* zusammentaten, konnten die Hosen weder nachvollziehen noch verzeihen. Nein, mit »Teenie-Idolen« wollten sie nichts zu tun haben. Doch noch lief alles friedlich ab. Bis Bela mit einer Flasche Wodka backstage erschien. Erst wurde gesoffen, danach sich geprügelt. Mitten im Winter vor dem Ballhaus. Sahnie, Bassist der Suurbiers, und Bela gegen Campino, der den legendären Satz sagte: »Zwei Ärzte gegen mich, das ist ungefähr fair.«

Warum der Streit eskalierte? Das weiß keiner mehr so genau. Auch der »Hass« war im Grunde genommen mehr Schein statt Sein. Schließlich wäre es ja langweilig gewesen, wären die Hosen und die Ärzte allerbeste Freunde gewesen. Bela beschrieb dieses Konkurrenz-Verhalten als »eine ganz gesunde Angelegenheit«, die zu 70 Prozent aus Respekt voreinander besteht – und von den restlichen 30 seien mindestens 15 auch einfach der Spaß, sich hin und wieder gegenseitig zu verarschen.

Die Wende kam 1988, kurz nachdem die Ärzte ihre Trennung bekannt gegeben hatten. Als Campino auf Farin Urlaub traf, schlug er vor, das Kriegsbeil zu begraben. Da es die Ärzte nicht mehr gebe, könne man auch wieder miteinander reden. Das taten sie und gingen sogleich eine Wette ein: Campino wettete um 1000 D-Mark, dass die Ärzte innerhalb von fünf Jahren ihr Comeback feiern würden. Und er behielt recht. Eines Tages lag ein 1000er bei ihm im Briefkasten, mit einem Gruß von Farin. Und was machte Campino? Er zerschnitt den Schein, behielt die eine Hälfte und schickte die andere an Farin zurück, mit der Notiz: »Wenn wir uns wiedersehen, verfeiern wir den zusammen.«

Spätestens seit dem Jahr 2000 spielen diese alten Kamellen keine Rolle mehr. Da traten sie zum ersten Mal gemeinsam im Kreuzberger Club »SO36« auf, offiziell standen an diesem Abend die Band »Die Zuspäten« und eine gewisse Punk-Gruppe namens »Essen auf Rädern« auf der Bühne. Genau wie die Toten Hosen haben die Ärzte einen Faible für Decknamen, angelehnt an ihren Kult-Hit »Zu spät«.

Aber diese Gemeinsamkeit ist sicherlich nur Zufall.

# Liebes Tagebuch

Irgendwann Mitte der 80er. Der junge Campino lag nachdenklich auf seinem Bett. Er dachte über die vergangene Woche nach, darüber, was er erlebte und wie er es erlebte. Dann zückte er sein Tagebuch und fing an, seine intimsten Gedanken aufzuschreiben. Alles wurde penibel notiert, auch seine geheimsten Geheimnisse ... Okay, ganz so pathetisch lief es nicht ab. Aber dass der wilde Punker seit 30 Jahren Tagebuch führt, ist wahr – und die Schuld des Finanzamtes. Die Behörde hatte nämlich angefangen, Fragen über sämtliche Auftritte und die dazugehörigen Quittungen zu stellen. Die Kalendereinträge, die sich der Sänger deshalb machte, waren der Beginn seines Tagebuchs. Später verriet er, dass genau diese Notizen ihm regelmäßig Trost spenden. Immer, wenn er denkt, »so schlimm war es noch nie«, schlage er in seinen alten Aufzeichnungen nach. Und siehe da: Es war schon seit jeher so schwierig. Und oft noch schwieriger.

Auch wenn ihm das Schreiben liege, das Verfassen von Liedern beschreibt er als »eher quälenden Prozess«. Wenn Campino den Stift für neue Hosen-Songs zückt, ist er darum »knallnüchtern«. Altbier oder gar ein Schlückchen Bommerlunder? Tabu! Es gibt Künstler, die sich zuerst auf den Text konzentrieren und darauf die Melodie komponieren. Bei den Hosen ist es andersrum. Campino singt auf den Demo-Aufnahmen einen Nonsens-Text in einer Art Fantasiesprache, wie er sagt. Dann hört er sich das Tape wieder und wieder an, »bis es irgendwann klick macht«, erzählt der ewige Düsseldorfer. Schreibblockaden, oft über Monate hinweg, seien da keine Ausnahme.

Traurige Ausnahme: »Nur zu Besuch«. Der Text für diesen Song war in 15 Minuten fertig. Weil Campino genau wusste, was er sagen will. Er spürte es. Und das ist nicht pathetisch gemeint. Der Song »Nur zu Besuch« schrieb Campino nach dem Tod seiner geliebten Mutter. Sie starb im Jahr 2000 an Darmkrebs. Viel zu früh, viel zu jung.

Er sagte einmal, dass ihm dieses Stück von allen am meisten bedeutet.

## Keine Lust auf Bollerwagen

Bollerwagen, Bier und Busenkumpels – das ist für viele ein Muss am Vatertag oder Herrentag, wie es vielerorts genannt wird. Seit 1934 ist der Vatertag an Christi Himmelfahrt ein Feiertag. Während die Mamis den Muttertag meist mit der Familie begehen, nehmen die Männer das Wort »Feiern« im Feiertag wörtlich. Und so wird der Leiterwagen, der einst zur Beförderung von Milchkannen diente, kurzerhand zum rollenden »Bierkasten« umfunktioniert. Man(n), was willst du mehr?

In Campinos Fall: jede Menge Abstand von dieser grölenden Menge. Obwohl der Punker selbst stolzer Papa und bekennender Altbier-Genießer ist, kann er mit dem Brauch des Vatertags so gar nix anfangen. Er mag das nicht, »wenn das so 'ne Stumpfheit kriegt am Nachmittag«, sagt er. Wenn alle so besoffen sind, obwohl es dazu keinen Grund gibt. Das sei oft hässlich anzusehen. Der Karneval sei ihm da sehr viel näher. Da zögen sich die Leute wenigstens noch lächerlich an. Gegen die Bierlaune an sich spreche gar nichts. Aber wenn er sich einen hinter die Binde kippen wolle, sagt Campino, »mach ich das einfach und warte nicht auf Vatertag«.

Der Muttertag dagegen war im Hause Frege früher heilig, auch wenn dieser Tag weder harmonisch noch besonders leise zuging. Und dazu brauchte es keinen Bollerwagen, sondern schlicht sechs lärmende Kids. Campino weiß noch, wie er und seine Geschwister etwas übermotiviert um sieben Uhr morgens aufgestanden sind, um den Tisch zu decken. An Schlaf war bei diesem Radau nicht zu denken. Wie lange seine Mutter sich das Geschrei von ihrem Bett aus angehört hat, bevor es ihr zu bunt wurde, weiß er nicht. Aber irgendwann kam sie genervt in die Küche gestürmt und schrie: »Shut up!«

So viel zum Thema Feiertag.

## »You'll Never Walk Alone«

Mai 1973: Der FC Liverpool muss im UEFA-Cup gegen Borussia Mönchengladbach ran. Jeder im Rheinland wusste, für wen er die Daumen drückte. Auch der 10-jährige Andi saß fiebernd vor dem Fernseher. Doch während alle in seinem Umfeld den Heimatverein anfeuerten, »fühlte ich mich von ganzem Herzen als Engländer«, erzählt Campino. Als Liverpool siegte, gewannen sie nicht nur den Cup, sondern auch endgültig seine Treue. Wie sagt der Sänger so schön: »Du entscheidest dich einmal in deinem Leben für ein Team«, und das bedeutet, mit dieser Mannschaft durch dick und dünn zu gehen. Mit einer

Frau, die ihn nervt, würde er Schluss machen. Beim Fußball ginge es nicht. Mitgehangen, mitgefangen.

Natürlich liebt er als Düsseldorfer ebenso seine Fortuna, aber wenn er richtig guten Fußball sehen wolle, dann schaue er sich die »Reds« an. Er verpasst kein Spiel, kein einziges. Sogar die Tourdaten werden dem Spielplan des LFC angepasst. Wenn er es mal nicht persönlich ins Stadion schafft, steht der Laptop parat – sogar dann, wenn er auf die Bühne muss. Auf Tourneen im Ausland quält er sich auch schon morgens um sieben Uhr in ein Pub, um seinem Team trotz Zeitverschiebung beizustehen. Fußballfan zu sein bedeutet für ihn nun mal hundertprozentige Leidenschaft. Ohne Ausnahme. Da wird einem Auswärtsspiel gegen den Tabellenletzten genauso viel Anerkennung gewidmet wie einem Champions-League-Spiel gegen Real Madrid.

Campinos ganzer Stolz ist übrigens ein Liverpool-Trikot von Sami Hyypiä vom Champions-League-Spiel gegen Arsenal, bei dem der einstige Innenverteidiger sogar selbst ein Tor gemacht hat. Zudem eine Tafel Liverpool-Schokolade aus dem Jahr 2002 sowie ein Schal vom Europapokalfinale in Rom 1977.

1996 packte Campino auf das Tote-Hosen-Album *Im Auftrag des Herrn* seine ganz persönliche Version der FC Liverpool-Hymne »You'll Never Walk Alone«. Seither bekommen die Fans am Ende eines jeden Konzerts folgende Worte mit auf den Heimweg:

»Walk on, walk on
With hope in your heart
And you'll never walk alone!«

## Bruder vor Luder

Als die Toten Hosen vor 40 Jahren ihre Karriere starteten, begannen sie dieses Abenteuer als eine »raue Jungenband im besten Sinne«. Groupies? Nicht in der Punkrock-Szene. Gutes Aussehen war bei den Hosen verboten. Wenn durchsickerte, dass eine Band sich mit Groupies umgibt, war sie unten durch. Das heißt nicht, dass nicht gevögelt wurde. »Aber auf Augenhöhe«, betont der Sänger. Zumindest galt dies die ersten zehn Jahre. Denn in den 90ern, so verrät der Hosen-Frontmann, waren die Vorsätze vergessen. Eine maßlose Zeit, dekadent und versaut, mit Schampus im Whirlpool, Suiten mit Butler – und ja, auch mit Groupies.

Die Touren sind damals wie heute eine »frauenfreie« Zone. Bevor einer in der Band eine Lady backstage bringen möchte, muss dies von allen abgenickt werden. Bei besonderen Anlässen werde natürlich eine Ausnahme gemacht, aber sonst ist die Hosen-Tour keine Familienangelegenheit. Campino: »Andere nehmen ihre Frauen auch nicht mit zur Arbeit.« Für Campino und seine Band hat ihre Männer-Freundschaft bis heute einen ganz besonderen Stellenwert. Sie sind als Freunde gestartet und haben sich diese Freundschaft bewahrt. Auch wenn's manchmal wehtut. Und damit sind nicht Streitereien untereinander gemeint, sondern Schlägereien mit Nazis & Co. Die Abmachung in der Band galt von Anfang an: »Wenn einer reinspringt, müssen alle anderen hinterher.«

Und: Die eiserne Regel »Bruder vor Luder« ist heilig und hat schon den ein oder anderen One-Night-Stand versaut. Campino erzählt, dass er eines Abends ein hübsches Mädchen aufgegabelt hatte und mit nach Hause nehmen wollte. Es versprach, eine prickelnde Nacht zu werden. Doch dann meldete sich unerwartet ein Kumpel, der einen Platz zum Schlafen suchte. Campino: »Das hatte Priorität, also schickte ich die Frau wieder weg.«

## Der Lebensretter

Der Regengott hatte es endlich mal gut gemeint mit den Fans von »Rock am Ring«. Am ersten Juni-Wochenende des Jahres 2004 schien die Sonne. Ein wolkenloser Himmel über dem Nürburgring ist selten. Nur allzu oft hatte mieses Wetter das Festival in eine Schlammparty verwandelt. Doch dieses Mal blieben die 65.000 Besucher verschont. Dementsprechend ausgelassen und wild war die Stimmung vor den drei Bühnen. Insgesamt 83 Bands rockten die Rennstrecke. Zu den Top-Acts gehörten in jenem Jahr neben Linkin Park und den Red Hot Chilli Peppers auch die Toten Hosen. Rock am Ring ist für Musiker und Fans gleichermaßen ein Highlight. Niemand lässt sich dieses Event freiwillig entgehen. 2008 hüpfte Campino sogar mit gebrochenem Knöchel und eingegipstem Fuß auf der Festival-Bühne umher.

Auch 2004 war Campino mittendrin im Getümmel. Die Hosen selbst traten erst sonntags auf, sodass der Sänger Freitag und Samstag ganz einfach nur Fan sein konnte – und Lebensretter. Auf der Nebenbühne spielte Bad Religion, als die Wellenbrecher unter dem Druck der tanzenden Pogo-Masse einfach umgestoßen wurden. Die Menschen drückten von hinten in Richtung Bühne. Wer ins Stolpern geriet, wurde umgerannt – und drohte totgetrampelt zu werden. Auch ein Mann namens Uwe wurde von der Menschenmasse zu Boden gerissen. Während die anderen Opfer von der Security gerettet wurden, hatte Uwe sozusagen Glück im Unglück: »Ich lag bereits am Boden, als mich jemand nach oben zog. Erst dann erkannte ich Campino.« Aus trauriger Erfahrung bei einem seiner eigenen Konzerte wusste der Sänger, was zu tun war.

Es war nicht das erste Mal, dass Campino als Lebensretter glänzte. An einem ganz normalen Abend Ende der 80er machten sich die Hosen wie gewohnt von ihrem Proberaum auf den Weg nach Hause. Der Raum lag in der Nähe einer Bahnstrecke, über die eine Brücke führte. Plötzlich kam Kuddel auf die Idee, von genau jener Brücke auf die Gleise zu pinkeln. Er hatte schon »sein Ding ausgepackt«, als Campino ihn dezent auf die Stromleitungen unter ihnen aufmerksam machte.

Es war für alle besser, so Campino, »dass Kuddel dieses Vorhaben nicht in die Tat umsetzte«. Wohl wahr.

## Ein Ja-Wort für die Ewigkeit

Vor dem New Yorker Standesamt, dem Office of the City Clerk in Manhattan, tummeln sich täglich jede Menge verliebter Pärchen, um ihre Hochzeitserlaubnis zu beantragen. 2019 standen auch Campino und seine heutige Frau in solch einer Schlange. Es war seine erste Hochzeit, und es soll das einzige Ja-Wort bleiben. Für einen Punker hat er in manchen Punkten überraschend spießige, in diesem Fall, positiv spießige Ansichten. Campino ist nämlich ein Romantiker, für den die Ehe etwas ganz Besonderes ist. Er habe darum mit dem Heiraten so lange gewartet, um sich für die richtige Person aufzubewahren. Für ihn war immer klar: »Ich heirate nur einmal in meinem Leben.«

Sowieso ist die Liste seiner Verflossenen überraschend kurz für einen Musiker. Fast sieben Jahre war er mit Fotografin Gabo zusammen, die ihn noch heute als »große Liebe« bezeichnet. Auch Model Melanie Winiger hat trotz Trennung nur Positives zu berichten: »Er ist einer der besten Männer, die ich je kennengelernt habe.« Aus der Beziehung mit Schauspielerin Karina Krawczyk stammt der 2004 geborene Sohn Lenn Julian. Warum alle diese Partnerschaften zerbrachen? Das weiß nur das Leben.

Genau darum will es Campino dieses Mal besser machen, anders machen. Das geht schon damit los, dass er seine Frau komplett aus der Öffentlichkeit heraushält, nicht mal ihren Namen preisgibt. Auch die Hochzeit in New York fand im kleinsten Kreis statt, nicht einmal seine Band war bei der Zeremonie dabei. Nur ein Detail verrät Campino: Seine Frau nennt ihn Philip. Weil er ihr immer ein paar Schritte hinterherdackelt, so wie es Prinz Philip sein Leben lang bei der Queen tat.

Ja, Campino ist angekommen. Seine Hochzeit habe sich »absolut richtig« angefühlt. Weiter sagte Campino: »Als gegenseitiges Bekenntnis finde ich die Heirat sehr schön.« Früher sei Liebe nur Euphorie und totale Begeisterung gewesen. Doch inzwischen habe er verstanden, dass es um mehr gehe. Um Vertrauen. Um ein bedingungsloses Füreinander. Er möchte das Gefühl haben, dass die Frau an seiner Seite sein »bester Freund ist. Da gibt es keine Kompromisse.«

## Der wahre Heino?

1986 waren die Toten Hosen auf Live-Tour und ließen Parodiekünstler Norbert Hähnel als den

»wahren Heino« im Vorprogramm auftreten. Es war als Gag gedacht, der allerdings erst vor Gericht und schließlich mit Gefängnis endete. Denn Heino fand diese Parodie so gar nicht lustig. Und als Hähnel obendrein frech behauptete, er sei das Original und Heino hätte nur Angst, dass die Fans zu dem »wahren Heino« überlaufen könnten, erwirkte der Volksmusiker eine einstweilige Verfügung, dazu erhielt Hähnel eine Geldstrafe von 10.000 D-Mark, die er nicht bezahlte und somit für 20 Tage in den Knast wanderte. Als Heino dann auch noch begann, die gemeinsame Plattenfirma EMI gegen die Hosen aufzuhetzen, glich das einer Kriegserklärung.

Die Zeit mag alle Wunden heilen, aber auf Abneigung trifft das nicht zu. Und so herrschte 30 Jahre später immer noch Zoff zwischen den Hosen und Heino. Auslöser war Heinos 2013 erschienenes Album *Mit freundlichen Grüßen* mit zwölf Coverversionen bekannter Hits aus Pop, Rock und Hip-Hop – von Rammstein über Fanta 4 bis hin zu den Ärzten. Es wurde Heinos erstes Nummer-Eins-Album seiner Karriere, vom Feuilleton gefeiert, von Campino geächtet. Der Punker beklagte, dass man das Album viel zu unkritisch sehe, das Lob unverdient sei, auch wenn die Idee dahinter durchaus clever gewesen sei. Campino bezeichnete Heino letztlich als »Aushängeschild der deutschen Hässlichkeit«.

Heino dagegen sah sich im Recht: Erstens könnten Punkbands wie die Toten Hosen qualitativ sowieso nicht mit ihm und seinen musikalischen Höhen mithalten. Sein »Enzian« gehe über drei Oktaven: »Das ist schon eine ganz andere Hausnummer.« Zweitens habe er bislang 50 Millionen Platten verkauft. Das würden die Toten Hosen in diesem Leben nicht mehr schaffen: »Da müssten sie 2000 Jahre alt werden.«

Campino ist für seine Schlagfertigkeit berühmt, doch in diesem Streit behielt Heino das letzte Wort. »Die sollen sich mal nicht so anstellen«, erklärt er lächelnd. Einen Song der Toten Hosen interpretierte Heino auf seinem Album übrigens nicht.

## Iro… was?

Ironie ist, etwas anderes zu meinen, als man sagt. Die Ironie der Ironie ist, wenn die Leute die Verarsche für bare Münze nehmen und dich dafür auch noch feiern. Die Hosen haben in all den Jahren oft versucht, ironisch zu sein – nur hat das selten jemand begriffen. Wie 1993. Der Hosen-Hit »Wünsch dir was« sollte ursprünglich eine ironische Abrechnung mit all dem Quatsch sein, den Helmut Kohl während seiner Kanzlerschaft von sich gab. Aber als Campino dachte, sie hätten da einen »sehr guten, boshaften Song geschrieben«, bekam er lauter Briefe im Sinne von: toll, endlich mal was Positives von den Toten Hosen zu hören!

So viel zur Ironie.

Auch die Witze über die »Opel-Gang« gingen nach hinten los. Die Hosen wollten mit dem gleichnamigen Song all jene auf die Schippe nehmen, die jeden Samstag voller Leidenschaft unter ihren Autos lagen, um am Vergaser, dem Motor und was sonst noch herumzuschrauben. Was die Punker damals noch nicht ahnten, war, dass sie sich kurz darauf nicht nur mit einer solchen Opel-Clique anfreunden, sondern alsbald selbst solche Autos fahren würden. Plötzlich wurden sie von ihren eigenen Scherzen eingeholt und überfahren und aus dem ursprünglich musikalischen Angriff auf die halbstarken PS-Prolls wurde letztlich eine Hommage an die Opel-Fahrer. »Wir wurden selber zu solchen Jungs, und es war wunderbar«, sagt Campino. Übrigens, so verriet Campino später, sei auch der Text zu »Eisgekühlter Bommerlunder« pure Ironie gewesen: »Der Text ist so Stulle, er unterbietet jedes Niveau«, dachte Campino damals. Doch auch dieses Augenzwinkern spielte bald keine Rolle mehr.

Einen letzten Ironie-Versuch wagten die Hosen 2017 mit ihrem sechszehnten Studio-Album *Laune der Natur.* Eine »Laune der Natur« sei etwas, das es eigentlich nicht geben dürfe oder zumindest von der Norm abweiche. »Und als Laune der Natur sehen wir uns selber«, erklärte Campino scherzhaft. Weil sie nach all den Jahren noch da seien und sich des Lebens erfreuten.

Und das war dieses Mal sogar ernst gemeint.

## Wer pinkelt in die Beete der First Lady?

Im November 1986 fieberte Barthold Albrecht seinem achtzehnten Geburtstag entgegen. Er stammte aus gutem Hause. Sein Vater war der damalige niedersächsische Ministerpräsident Ernst Albrecht. Seine Schwester Ursula Albrecht, besser bekannt als Ursula von der Leyen, ist die heutige Präsidentin der Europäischen Kommission. Aber das nur als Randnotiz. Besagter Albrecht-Sprössling wünschte sich vom Papa eine Live-Band zur Geburtstagsparty. Und Papa stimmte zu, hielt es sogar für eine nette Idee. Wen sich der CDU-Politiker da in den Partykeller holte, wusste er nicht. Spoiler-Alarm: Danach wusste er es!

Die Toten Hosen gaben im Rahmen ihrer »Magical Mystery Tour« immer wieder sogenannte Wohnzimmer-Konzerte: »Man konnte uns bestellen wie eine Pizza«, schildert Campino das Konzept. Gespielt wurde für lau. Nur für genügend Essen, Schnaps und eine Schlafgelegenheit musste gesorgt werden. Dass eine dieser »Bestellungen« aus dem Hause Albrecht kam, sorgte bandintern allerdings für Diskussionen. Ernst Albrecht stand politisch schließlich für all das, was die Hosen verurteilten und verachteten. Aber was konnte denn der Junge für seinen Vater? »Also sind wir da angetreten.«

Das Anwesen der Albrechts war umzäunt. Es gab ein Wachhäuschen, Flutlicht und jede Menge überfordertes Sicherheitspersonal. Denn trotz ausgesuchter Gästeliste strömten immer mehr Punks aufs Grundstück. Die Toten Hosen, längst in Abrissstimmung, machten das, was sie am besten konnten: Lärm und Party! Albrecht-Junior hatte Spaß. Die Eltern weniger. Was unter anderem daran lag, dass sich die Punks reihenweise in den Blumenbeeten der First Lady erleichterten, das edle Parkett im Haus mit Bier geflutet und zeitgleich der Weinkeller geplündert wurde. Und letztlich bewarf Schlagzeuger Wölli die Sicherheitsbeamten mit einem Wandteller – einem Geschenk, das die Eheleute Albrecht zur Silberhochzeit bekommen hatten.

Nachdem Barthold Albrecht längst die Kontrolle über seine eigene Feier verloren hatte (und sich sicherlich dem Zorn des Vaters bewusst war), versuchte er sich immerhin in Schadensbegrenzung: Er bot Campino und der restlichen Meute großzügige 500 Mark an, »mit der Bitte, wenigstens woanders zu übernachten«.

## Ein Hauch von Sexismus

Im Rahmen der »MTV Unplugged«-Reihe nahmen die Toten Hosen am 1. September 2005 im Wiener Burgtheater ihr erstes Konzertalbum *Nur zu Besuch* auf. Neu war auch, dass erstmals wieder eine Frau mit auf der Bühne stand, nämlich die Pianistin Esther Kim, die seit diesem Tag zu »unserer Hosen-Familie gehört«, betont Campino. Aber Moment, »wieder«? Was die wenigsten wissen: Schon bei ZK hatte eine Zeit lang eine Gitarristin gespielt, aber das ging ziemlich schief, weil sie die Sache »nicht so ernst genommen hat wie wir«, erzählt Campino. Seitdem waren die Hosen eine reine Männertruppe, auch, weil es zudem schlicht mehr Jungs gab, die mitziehen und sich dem Punk aufopferungsvoll hingeben wollten, als Mädchen.

Mit wenigen Ausnahmen, wie Östro 430, eine vierköpfige Punk-Frauenband aus Düsseldorf, mit der die Hosen eng befreundet waren. Oder auch die Schweizer Post-Punk-Band Kleenex, die sogar international bekannt wurde. Wer glaubt, dass Punk eine reine Männerdomäne sei, der wird laut Campino von Frauen wie Siouxsie Sioux oder Poly Styrene von den X-Ray Spex schnell eines Besseren belehrt. Frauen und Punk? »Oft genial«, schwärmt der Sänger.

Apropos Männerdomäne: Beim Fußball hat der Punker etwas, nun ja, sexistische Ansichten, wie er selbst zugibt. Campino ist nämlich kein Freund des Frauenfußballs. Er schaue sich das schon mal im Fernsehen an und erfreue sich auch an vielen Spielzügen, sagt er. Doch aus irgendeinem für ihn nicht nachvollziehbaren Grund gibt es ein paar Sportarten, »die ich bei Frauen nicht so gern mag«, verrät der Sänger, etwa Eishockey, Boxen und Fußball. Das seien »klassische Männer-Sachen«. Campinos Sohn Lenny sah dies irgendwie anders. Als der stolze Papa den damals 5-Jährigen das erste Mal ins Fußballtraining schickte, interessierte sich der Punker-Junior nämlich so gar nicht für den Ball.

Campino: »Er saß lieber im Gras und pflückte Blumen.«

## … und wie du wieder aussiehst!

Er färbte die Haare mal rot, mal gelb, trug Tattoos, zerrissene Hosen. Campino sah in seiner Jugend aus, wie Punker nun mal aussehen – auch wenn es seiner mittlerweile verstorbenen Mutter gefühlt täglich das Herz aufs Neue brach. Jahrelang habe seine Mutter nicht einmal im selben Zimmer wie er gefrühstückt, »weil sie meinen Anblick als Punk nicht ertragen konnte«, erzählt der Sänger. Sie sei besorgt gewesen, dass er sein Leben nicht in den Griff bekomme. Dennoch hatte die Kindheit in einer kinderreichen Familie auch Vorteile: Er und seine fünf Geschwister hatten die Macht im Haus. »Unsere Eltern waren chancenlos.« Erst später sei ihm bewusst geworden, was seine Eltern mit sechs Kindern eigentlich geleistet hatten.

Sein Vater erwies sich in seiner dogmatischen Denkweise als nicht weniger stur als die Mama. Für ihn zählten nur gute Noten, ein Studium und ein ordentlicher Beruf. Dass sein Sohn nach dem Abitur weder eine Lehre absolvierte noch auf die Universität ging, konnte sein Vater nie begreifen. Erst der gemeinsame Besuch einer Bankfiliale, bei der beide ein Konto hatten, veränderte dessen Einstellung. »Weil der Filialleiter mir zuerst die Hand gegeben hat«, sagt Campino.

So überrascht sein Vater in dieser Situation gewesen war, so überrascht war Jahre später der Sohn. Immer wieder hatte Campino versucht, seinen Papa zu überreden, wenigstens einmal ein Toten-Hosen-Konzert zu besuchen. »Das hat ganz schön gedauert, bis er dahin kam", erinnert sich Campino. Lange Zeit waren die Eltern äußerst kritisch mit der Berufswahl ihres Sohnes. Insbesondere der Herr Papa hegte Zweifel. Dummerweise hatte sich Campino keinen guten Zeitpunkt für die Punk-Premiere seines Vaters ausgesucht. Das Konzert lief völlig aus dem Ruder, es gab wahnsinnige Randale. Und sein Vater? War restlos begeistert.

Seitdem ist Campinos Papa zu allen Konzerten in der Nähe von Düsseldorf gekommen: »Er wurde ein treuer Fan unserer Band.«

## Campino, Andy oder doch Herr Frege?

Wenn der Toten-Hosen-Frontmann mal wieder in Liverpool on Tour ist, um seinen geliebten Fußball-Verein anzufeuern, und er anschließend bei einem Pint im Pub sitzt, stellt er sich bei einem Gespräch stets als Andy vor. Sowieso ist er im Ausland oder eben dort, wo man seinen musikalischen Background nicht kennt, nur als Andy unterwegs. Sich als Campino vorzustellen würde erstens zu viele Fragen lostreten (wer hat schon Lust, ständig seine Lebensgeschichte zu erzählen?) und sich zweitens irgendwie falsch anfühlen. Er heiße nun mal Andy. Auch seine Familie nenne ihn ausschließlich beim Vornamen.

Es würde ihm auch komisch vorkommen, wenn seine Brüder und Schwestern ihn Campino riefen.

Lustigerweise ist das in Deutschland genau andersherum. Von Düsseldorf bis Dresden, von Flensburg bis Freiburg – überall ist er Campino. Und zwar auf seinen ausdrücklichen Wunsch! Wenn ein Fremder zu ihm Andy sagt, »empfinde ich das als unangenehmen Annäherungsversuch«. Mit drei Ausnahmen: Bei der Polizei und bei der Steuer ist er Herr Frege. Auch bei früheren Elternabenden oder bei Gesprächen mit Lehrern, »da gehört dieser Campino nicht hin«. Wenn es hieß, dass sein Sohn mal wieder Mist gebaut hatte, legte er sehr viel Wert darauf, als Herr Frege angesprochen zu werden.

Dieser Herr Frege übrigens ist ein strengerer Vater, als man glaubt. Dass sein Sohn im Kindergarten den Berufswunsch »Rockstar« äußerte, brachte ihn zum Nachdenken. Und zum Umdenken. Natürlich macht es einen Vater stolz, wenn das Kind in dessen Fußstapfen tritt. Aber wer wünscht sich schon, dass sein Spross dieselben Fehler macht wie man selbst? Also versucht Campino, seinen »Anteil an Erziehung und Verantwortung zu übernehmen«. Auf die Frage, was er davon halten würde, wenn sein

Sohn sich zwar für die Musik entscheiden, allerdings bei einer Castingshow wie *Deutschland sucht den Superstar* mitmachen würde, antwortete der Punksänger gelassen, dass ihm »ein Joint auf dem Schulhof« deutlich unangenehmer wäre.

Doch nicht ohne zu ergänzen: »Also, ich würde ihm beides verbieten.«

## Waren Sie jemals jung, Frau Merkel?

Im Auftrag des Spiegel sollte Campino 1994 die damalige Bundesministerin für Frauen und Jugend interviewen, eine gewisse Angela Merkel. »CDU und Jugend, ist das nicht ein Widerspruch in sich?«, fragte der Tote-Hosen-Sänger frech. Und weiter: »Waren Sie jemals richtig jung, Frau Merkel?« Die spätere Bundeskanzlerin antwortete übrigens mit Nein. Bei ihr sei das »irgendwie anders« gewesen, sie sei eigentlich niemals richtig jung gewesen und habe ihre Altersgenossen um deren Unbeschwertheit beneidet.

Das Gespräch hinterließ Eindruck. Jahre später zeigte sich Campino sogar als Merkel-Fan. Es gebe keine politische Alternative zu ihr, sagte er. Auch wenn er anfangs über ihren beschränkten Horizont erschrocken gewesen sei, habe sie doch viel dazugelernt und »machte den Job besser«, als er gedacht hätte. Dass die CDU allerdings ihren Song »Tage wie diese« als Wahlkampf-Hymne missbrauchte, ging dem Punker dann doch zu weit. Er empfinde es als »unanständig und unkorrekt«, dass ihre Musik bei Parteiveranstaltungen liefen, und er habe keine Lust, den Soundtrack für Parteien wie die CDU oder die SPD zu liefern. Rechtlich dagegen vorgehen können die Punks aus Düsseldorf allerdings nicht.

Aber zurück zur Eingangsfrage. Dass unsere »Angie« nur acht Jahre älter als Campino ist, mag man kaum glauben, er selbst am wenigsten. Wenn er ein paar Drinks nehme, fühle er sich nämlich höchstens wie 31, »und wenn er sich wie ein Vollidiot benehme«, fühle er sich sogar eher wie 12. Es sei ein ständiges Hin und Her. Das Leben lasse qualitativ nicht abrupt nach, nur weil man die 50er-Grenze überschritten habe, sagt er.

»Aber es gibt Momente«, sagt Campino seufzend, »da fühle ich mich wie 71.«

## Der Blick in den Himmel

Es war der 1. Oktober 2014, als Campino und den Toten Hosen von der Jüdischen Gemeinde Düsseldorf für ihren Einsatz gegen Ausgrenzung und Rassismus die Josef-Neuberger-Medaille verliehen wurde – eine Medaille, mit der Personen des öffentlichen Lebens geehrt werden, die sich für die jüdische Gemeinde engagieren, und die nach dem ehemaligen NRW-Justizminister und Mitglied der Jüdischen Gemeinde Josef Neuberger benannt ist. Zuvor hatten sie zwei Bundespräsidenten, die Verlegerin Friede Springer und Kanzlerin Merkel überreicht bekommen. Es ist eine Auszeichnung, mit der Campino niemals gerechnet hätte. Und er war sichtlich gerührt.

Die Laudatio in der Düsseldorfer Synagoge hielt Grimme-Preisträger Eric Fiedler, der den Dokumentarfilm *Nichts als die Wahrheit* über die Toten Hosen gedreht hatte. Er lobte die Punker für ihren Einsatz: gegen Rechts, für Flüchtlinge, für Gerechtigkeit und mehr Menschlichkeit. Schließlich ging Campino ans Mikrofon: Schon von Anfang an, so sagte er, hätten sich die Hosen als politisch geprägte Band verstanden, die mit ihrem Kampf gegen Rechtsextremismus und

Fremdenfeindlichkeit »den Leuten auf die Nerven gehen« wollte, und auch in Zukunft wolle man daran festhalten. Es habe zwar oft Phasen gegeben, wo man müde gewesen sei, sich immer wieder aufs Neue mit diesen Themen auseinandersetzen zu müssen, wo man diesen Kampf teilweise sogar habe aufgeben wollen. Aber Abende wie diese beflügelten, weiterzumachen und zu sagen: »Es war jede Sekunde wert. Wir gehen da wieder raus!«

Als Campino auf der Bühne stand, die braune Holzschatulle mit der Medaille in seinen Händen haltend, hielt er kurz inne und schaute gen Himmel. In solch wichtigen Momenten, sagte er, müsse er immer an seine verstorbenen Eltern denken. Sie können da oben ruhig wissen, dass ihr Sohn nicht nur wegen seiner Dummheiten auffalle. Campino: »Dann denke ich: Na ihr beiden, das seht ihr mal ...«

## Ritterschlag

Der 25. März 2019 war ein Montag. Campino machte sich auf den Weg zur britischen Botschaft in der Berliner Wilhelmstraße. Der Punker hatte die doppelte Staatsbürgerschaft beantragt und trug für diesen Anlass sogar ein schwarzes Hemd. Schließlich hob er seine Hand zum Schwur und gelobte der Queen sowie der britischen Demokratie die ewige Treue. »I will be faithful«, erklärte er aufgeregt. Dass sein Herz schon lange der Insel gehört, weiß jeder. Seine Leidenschaft für den FC Liverpool und für britische Punk-Bands teilt er seit jeher mit seinen Fans. Doch dass er mit fast 60 den britischen Pass beantragte, tat er vor allen Dingen für seine verstorbene Mutter. Sie war eine stolze Britin gewesen, die in Oxford studiert und ihre Kinder zweisprachig aufgezogen hatte. Geflucht wurde ausschließlich auf Englisch! Den englischen Pass anzunehmen bedeutet, ihr Erbe aufrechtzuerhalten. Das sei er ihr schuldig.

Doch nicht für nur Campino war diese eigentlich formelle Angelegenheit ein echter Ritterschlag, auch Botschafter Sebastian Wood erklärte feierlich: »An Tagen wie diesen liebe ich meinen Job«, in Anlehnung an einen der größten Toten-Hosen-Hits. Er postete auf Twitter sogar ein Foto, das ihn beim Händeschütteln mit Campino zeigte. Darunter schrieb er von dem Vergnügen, die Einbürgerungsfeier für seinen Freund und nun auch Landsmann Campino vorzunehmen. Wood ist bekennender Hosen-Fan.

Auf Königin Elisabeth II. zu schwören fiel dem Punker nicht wirklich schwer. Erstens hatte sich der Musiker längst als Anhänger der Monarchin geoutet, weil die Art und Weise, wie sie sich politisch einbringe, obwohl sie zu Neutralität verpflichtet sei, jede Menge Respekt verdiene. »Sie ist eine starke Frau«, so der Sänger. Zweitens hatte er bereits die Ehre, die Königin persönlich kennenzulernen, während eines Besuchs seiner englischen Verwandtschaft.

PS: Nicht alle gerieten wegen dieser Zeremonie so aus dem Häuschen wie Campino und Botschafter Wood. Sein Sohn zum Beispiel zeigte sich wenig beindruckt. Auf Campinos Frage an seinen Junior, ob er denn Zeit hätte, bei dieser kleinen Feier dabei zu sein – es sei schließlich ein Montag und nicht Wochenende –, winkte der vielbeschäftigte Teenager kopfschüttelnd ab: »Papa, da habe ich bestimmt was vor!«

## Ruhen wir wirklich in Frieden?

»Die Idee war nicht von uns«, schreibt die Band auf ihrer Homepage. Nichtsdestotrotz sei es eine gute Idee. In den letzten Jahren seien sie häufig von Fans gefragt worden, ob es denn okay sei, eine Urne mit dem Toten-Hosen-Logo zu verzieren. Die Band empfand dies »als eine Ehre«. Und so kreierten die Punker schließlich ihr eigenes Urnen-Design. Ganz in schwarz, darauf der Hosen-Adler als Skelett und der Schriftzug: Bis zum bitteren Ende. 160 Euro kostet die Toten-Hosen-Urne. Sie ist aus Naturfaser und biologisch abbaubar. Sowieso wird das Thema Tod innerhalb der Band präsenter. Man komme nun mal in ein Alter, in dem man darüber nachdenke, »in was ich mich denn verpacken lasse«, wenn es denn so weit ist. Mit ihrer bandeigenen Urne ist diese Verpackungsfrage geklärt, also das »Wie«.

Das »Wo« steht schon viel länger fest, seit über 20 Jahren. 2001 haben sich die Toten Hosen ein Gemeinschaftsgrab auf dem Düsseldorfer Südfriedhof gekauft. 17 Grabstellen bietet die schlichte Sondergrabstätte. Dabei sei dies anfangs nur ein Scherz gewesen, wie Campino verriet. Aber dann hätten sie sich überlegt: Wer so lange miteinander rumhängt, der kann sich auch zusammen begraben lassen. Es sei schließlich eine schöne Vorstellung, dort am Ende zusammen zu liegen, denn »da gehören wir hin«. Die Band hat für Campino längst den Status einer Ersatzfamilie. Weil man alles miteinander teilt: Schicksalsschläge, Krankheiten, Todesfälle. So etwas dringe zwar nicht nach außen, »prägt aber ein gemeinsames Durchslebengehen«. 2009 wurde der Chauffeur der Band, Uwe Faust, als Erster der Hosen-Familie im Gemeinschaftsgrab bestattet. »You'll never walk alone« steht auf dem schwarzen Stein. 2015 fand der an Magenkrebs verstorbene Hosen-Manager Jochen Hülder dort seine letzte Ruhe.

Was einmal auf seinem eigenen Grabstein stehen soll, weiß Campino längst: »Sie hießen die Toten Hosen und dachten, sie wären unsterblich.«

# Nachwort

Nun schließt sich der Vorhang unserer kleinen Horrorschau …

Als ich, der dankbare Autor dieses Büchleins, an diesen letzten Zeilen saß und nach einem passenden Finale suchte, sind mir alle möglichen Sätze in den Sinn gekommen. Gefühlt jeder Song-Titel der Toten Hosen lässt sich in so einem Abspann zitieren. Was liegt also näher, als sich der Weisheit jenes Mannes zu bedienen, der sich für die meisten dieser Songs verantwortlich zeichnet – nämlich Campino selbst. In einem Interview sinnierte die Punk-Legende über das Ende des Lebens. Dieses Ende ist längst gekommen, so Campino. »Wir können es nur noch nicht sehen.«

Verglichen mit einem Fußball-Spiel befinde sich die Band gerade »in der 82. Minute, und wir führen 3:1«. Eine komfortable Situation. Schließlich würde es genügen, sich die letzten Minuten den Ball hin- und herzuschieben und trotzdem als Gewinner vom Platz zu gehen. Doch keiner, der sich jenseits der 50 noch lachend beim Stagediving in die Menge wirft, um alles zu geben, gibt sich mit einem Rumgeschiebe zufrieden. Also Vollgas aufs Tor. Einer für alle, alle für einen. Noch, so beteuert Campino, gebe es keine Ermüdungserscheinungen: »Heulende Hosen kann niemand gebrauchen. Wir selbst am allerwenigsten.« Nur peinlich dürfe es nie werden. Da wäre es schön, »wenn uns unsere Freunde vorher darauf aufmerksam machen« würden.

Keine Sorge, von peinlich sind sie weit entfernt. Und noch liegt das Beste bekanntlich vor ihnen – und vor uns. Die Toten Hosen mit 70 auf der Bühne? Bei dieser Zugabe sind wir dabei. Vor allem, wenn Campino wieder singt: »Wünsch dir was …«

Und ja, ich wünsch mir DAS!

# Quellen

## Vorwort

»Spaß am Krach«
Stern, 11.11.2002, Stand 06.03.2022
https://www.stern.de/lifestyle/leute/campino-im-interview--spass-am-krach--3899952.html

»Sechs überraschende Fakten über Campino und die Toten Hosen«
SWR1, 15.10.2020, Stand 18.03.2022
https://www.swr.de/swr1/bw/programm/campinos-leben-100.html

## Ich hau dir auf die Fresse

»Als Campino in Hamburg Prügel angedroht wurden«
Welt, 26.11.2020, Stand 01.04.2022
https://www.welt.de/regionales/hamburg/article220798798/Punk-Als-Campino-in-Hamburg-Pruegel-angedroht-wurden.html

»Markthalle: Wo Hamburg auf die Ohren kriegt«
NDR, 19.05.2017, Stand 01.04.2022
https://www.ndr.de/geschichte/Markthalle-in-Hamburg-40-Jahre-Musikgeschichte,markthalle124.html

## Ein Kindersarg als Dachbox

Campino: *Hope Street: Wie ich einmal englischer Meister wurde*
Piper Verlag 2020

»Anfänge der Toten Hosen auf DVD«
Tonight, 29.08.2006, Stand 01.04.2022
https://www.duesseldorf-tonight.de/lokales/partyszene/drei-akkorde

## Zwischen Bommerlunder und Blasphemie

»Keiner von uns konnte spielen«
Stern, 19.11.2007, Stand 26.03.2022
https://www.stern.de/kultur/musik/die-toten-hosen--keiner-von-uns-konnte-spielen--3227880.html

»Vor 30 Jahren: Die ›Toten Hosen‹ entweihen Kirche«
AZ, 07.07.2013, Stand 26.03.2022
https://www.abendzeitung-muenchen.de/muenchen/vor-30-jahren-die-toten-hosen-entweihen-kirche-art-197300

## Fuck you, Mielke!

»Auswärtsspiel – Die Toten Hosen in Ost-Berlin«
SWR, 11.02.2022, Stand 02.04.2022
https://www.swr.de/unternehmen/kommunikation/pressemeldungen/die-toten-hosen-in-ostberlin-2022-114.html

## Einmal Aquagymnastik für fünf, bitte!

»Campino hatte nach Hörsturz Panik vor dem Karriere-Ende«
Morgenpost, 02.04.2019, Stand 19.03.2022
https://www.morgenpost.de/vermischtes/article216811031/Campino-hatte-nach-Hoersturz-Panik-vor-dem-Karriere-Ende.html

»Wir sehen aus wie ein Seniorenheim, das Wassertreten übt«
18.12.2019, Stand 6.3.2020
https://www.spiegel.de/panorama/leute/campino-von-den-toten-hosen-wir-sehen-aus-wie-ein-seniorenheim-a-1301964.html

»Spaß am Krach«
Stern, 11.11.2002, Stand 06.03.2022
https://www.stern.de/lifestyle/leute/campino-im-interview--spass-am-krach--3899952.html

## Mach mal Platz, Mick Jagger

Facebook-Gruppe »Die Toten Hosen«
Einträge vom 30.05.2020, Stand 19.03.2022
https://m.facebook.com/dietotenhosen/photos/a.447784813300/10157990188218301/?type=3&eid=ARDIIk_rXJ2acPOaSx0CW_iDw6vRUkHFy4-lHAyqhpAtMbtJisPrnvwt_hRn2t6C5pYK8HyAk-t-H5QQ&_se_imp=2gA5BFnKh1ifD5Sgq

## (Fast) alles für die Fans!

»Nicht zu alt für Stagediving: Campino von den Toten Hosen«
HNA, 14.05.2017, Stand 19.03.2022
https://www.hna.de/kultur/nicht-zu-alt-fuer-stagediving-campino-von-toten-hosen-zr-8304189.html

»Ich bin wohl eher konservativ«
taz, 13.11.2008, Stand 19.03.2022
https://taz.de/Tote-Hosen-Saenger-Campino-ueber-Rot-Gruen/!5172801/

»Für immer Punk«
GQ, 24.06.2008, Stand 18.03.2022
https://www.gq-magazin.de/unterhaltung/tv-serien-filme-musik/campino-fuer-immer-punk

## Von der Bühne ins Kloster

»Einer meiner engsten Freunde ist Abt in einem Kloster«
PromisGlauben, 14.11.2020, Stand 26.03.2022
https://promisglauben.de/campino-einer-meiner-engsten-freunde-ist-abt-in-einem-kloster

»Campino ganz privat«
SauerlandKurier, 01.10.2008, Stand 26.03.2022
https://www.sauerlandkurier.de/hochsauerlandkreis/meschede/campino-ganz-privat-5774328.html

## Pool-Party mit Anzeige

»Tote Hosen bitten um Vergebung für nächtlichen Freibadbesuch«
Spiegel, 06.06.2018, Stand 06.03.2022
https://www.spiegel.de/panorama/leute/dresden-tote-hosen-bitten-um-vergebung-fuer-naechtlichen-freibadbesuch-a-1211592.html

Dietotenhosen_official,
Instagram, 03.06.2018, Stand 19.03.2022
https://www.instagram.com/p/BjirQ1Cgx4i/?hl=de

## Ich war 17 …

»Ich brauchte die Exzesse und den Kontrollverlust«
Focus, 09.09.2015, Stand 25.03.2022
https://www.focus.de/kultur/musik/ich-brauchte-die-exzesse-und-den-kontrollverlust-interview-mit-saenger-campino_id_2023872.html

»Campino liebt Fortuna mehr als Freundin«
RP-Online, 14.01.2002, Stand 06.03.2022
https://rp-online.de/panorama/campino-liebt-fortuna-mehr-als-freundin_aid-8748995

»Campino spricht über das Verhältnis zu seinen Eltern«
Westfälische Nachrichten, 10.11.2017, Stand 27.03.2022
https://www.wn.de/welt/leute/campino-spricht-uber-das-verhaltnis-zu-seinen-eltern-1394973

## Die toten Hasen

»Campino und die Toten Hasen«
Focus, 19.11.2013, Stand 06.03.2022
https://www.focus.de/kultur/musik/campino-und-die-toten-hasen-jubilaeumskonzert-in-bremen-musik_id_2368873.html

»Heulende Hosen kann niemand gebrauchen«
Merkur, 02.05.2017, Stand 20.03.2022
https://www.merkur.de/kultur/campino-im-interview-heulende-hosen-kann-niemand-gebrauchen-zr-8234699.html

## Wer nichts bereut, hat nichts (dazu-)gelernt!

»Ein Punk wird 50«
SZ Magazin, 09.05.2012, Stand 20.03.2022
https://sz-magazin.sueddeutsche.de/musik/ein-punk-wird-50-78950

»Ich bereue sehr viele Dinge«
AZ, 21.11.2014, Stand 19.03.2022
https://www.abendzeitung-muenchen.de/promis/campino-ich-bereue-sehr-viele-dinge-art-261516

»Campino liebt Fortuna mehr als Freundin«
RP online, 14.01.2002, Stand 20.03.2022
https://rp-online.de/panorama/campino-liebt-fortuna-mehr-als-freundin_aid-8748995

»Einer meiner engsten Freunde ist Abt in einem Kloster«
Promis Glauben, 24.08.2018, Stand 19.03.2022
https://promisglauben.de/campino-einer-meiner-engsten-freunde-ist-abt-in-einem-kloster

»Für immer Punk«
GQ, 24.06.2008, Stand 18.03.2022
https://www.gq-magazin.de/unterhaltung/tv-serien-filme-musik/campino-fuer-immer-punk

»Ich brauchte die Exzesse und den Kontrollverlust«
Focus, 09.09.2015, Stand 25.03.2022
https://www.focus.de/kultur/musik/ich-brauchte-die-exzesse-und-den-kontrollverlust-interview-mit-saenger-campino_id_2023872.html

## Die Pipi-Flecken sind nur aufgemalt

»Irgendwann begannen die, in die Beete zu pinkeln«
Hannoversche Allgemeine, 14.05.2018, Stand 20.03.2022
https://www.haz.de/Nachrichten/Kultur/Uebersicht/Toten-Hosen-Saenger-Campino-ueber-legendaere-Auftritte-in-Hannover-und-das-Bundesverdienstkreuz

»Spaß am Krach«
Stern, 11.11.2002, Stand 06.03.2022
https://www.stern.de/lifestyle/leute/campino-im-interview--spass-am-krach--3899952.html

»Für immer Punk«
GQ, 24.06.2008, Stand 18.03.2022
https://www.gq-magazin.de/unterhaltung/tv-serien-filme-musik/campino-fuer-immer-punk

## Pantalones muertos

»Hosen feiern Silberhochzeit in Argentinien«
ntv, 01.10.2017, Stand 19.03.2022
https://www.n-tv.de/leute/Hosen-feiern-Silberhochzeit-in-Argentinien-article20061255.html

»Fans wie diese: Die Toten Hosen verliebt in Buenos Aires«
Süddeutsche, 01.10.2017, Stand 19.03.2022
https://www.sueddeutsche.de/kultur/musik-fans-wie-diese-die-toten-hosen-verliebt-in-buenos-aires-dpa.urn-newsml-dpa-com-20090101-171001-99-277909

## … ab jetzt nur noch nüchtern!

»Spaß am Krach«
Stern, 11.11.2002, Stand 06.03.2022
https://www.stern.de/lifestyle/leute/campino-im-interview--spass-am-krach--3899952.html

»Nie wieder besoffen unterwegs«
Focus, 15.11.2013, Stand 20.03.2022
https://www.focus.de/panorama/boulevard/nie-wieder-besoffen-unterwegs-campino_id_1883917.html

## Mit Ganzkörper-Kondom im Flieger

»Campino über das Tourleben, die Band und kleine Macken«
RNZ, 24.03.2019, Stand 25.03.2022
https://www.rnz.de/panorama/magazin_artikel,-tote-hosen-frontmann-im-rnz-interview-campino-ueber-das-tourleben-die-band-und-kleine-macken-_arid,428458.html

»Nicht gerade sexy, aber effektiv«
Spiegel, 23.3.2019, Stand 06.03.2022
https://www.spiegel.de/panorama/leute/campino-saenger-der-toten-hosen-traegt-auf-fluegen-gummi-anzug-a-1259331.html

## Ich singe nicht, versprochen!

»›Singe auch nicht‹ – Campino ehrt Jürgen Klopp in Dortmund«
Welt, 04.09.2021, Stand 02.04.2022
https://www.welt.de/sport/article233583662/Deutsch-Britische-Freundschaft-Campino-ehrt-Juergen-Klopp-in-Dortmund.html

Campino: *Hope Street: Wie ich einmal englischer Meister wurde*
Piper Verlag 2020

## Im Flirten ein Schisser

»Campino, was ist der richtige Song, um eine Frau zu beeindrucken?«
Bild am Sonntag, 22.11.2009, Stand 03.04.2022
https://www.bild.de/unterhaltung/musik/interview-musiker-vater-punk-liebhaber-teil-2-10542168.bild.html

»Bin ein ziemlicher Schisser«
RP Online, 06.12.2004, Stand 03.04.2022
https://rp-online.de/kultur/musik/campino-bin-ein-ziemlicher-schisser_aid-9278681

»Campino könnte sich eine Hochzeit vorstellen«
Fnp, 23.05.2017, Stand 03.04.2022
https://www.fnp.de/boulevard/campino-koennte-sich-eine-hochzeit-vorstellen-10457756.html

## Im Irokesenschnitt zur Bundeswehr

https://www.dietotenhosen.de/magazin/campino, Stand 25.03.2022

»Mit Campino in der Bundeswehr gekickt«
Die Glocke, 05.03.2019, Stand 25.03.2022
https://www.die-glocke.de/lokalnachrichten/mit-campino-bei-der-bundeswehr-gekickt-1624026733

»Die Piraten sind keine Punk-Rocker-Partei«
Frankfurter Rundschau, 06.05.2012, Stand 25.03.2022
https://www.fr.de/panorama/piraten-sind-keine-punk-rocker-partei-11346718.html

## Das Todesdrama

»Vor 20 Jahren starb ein Mädchen auf seinem Konzert – jetzt rechnet Campino ab«
Focus, 23.07.2017, Stand 06.03.2022
https://www.focus.de/kultur/musik/die-toten-hosen-vor-20-jahren-starb-ein-maedchen-auf-seinem-konzert-jetzt-rechnet-campino-ab_id_7387892.html

»Spaß am Krach«
Stern, 11.11.2002, Stand 06.03.2022
https://www.stern.de/lifestyle/leute/campino-im-interview--spass-am-krach--3899952.html

## Hosen runter!

»Spaß am Krach«
Stern, 11.11.2002, Stand 06.03.2022
https://www.stern.de/lifestyle/leute/campino-im-interview--spass-am-krach--3899952.html

»20 Jahre Tote Hosen: Punkrocker posieren mit 75 nackten Fotomodellen«
Kölner Stadtanzeiger, 11.11.2002, Stand 19.03.2022
https://www.ksta.de/20-jahre-tote-hosen--punkrocker-posieren-mit-75-nackten-fotomodellen-14255452?cb=1647693975368&

## Die Ärzte und der zerschnittene 1000-Mark-Schein

https://www.dietotenhosen.de/magazin/bela-b,
Stand 18.03.2022

»Für immer Punk«
GQ, 24.06.2008, Stand 18.03.2022
https://www.gq-magazin.de/unterhaltung/tv-serien-filme-musik/campino-fuer-immer-punk

## Liebes Tagebuch

»Tote-Hosen-Frontmann Campino: Ehefrau stinksauer wegen seines Buchs«
Tag24, 07.11.2020, Stand 02.04.2022
https://www.tag24.de/unterhaltung/promis/tote-hosen-frontmann-campino-ehefrau-stinksauer-wegen-buch-1714372

»Campino steckt in der Schreibblockade«
Kölner Stadtanzeiger, 11.03.2016, Stand 02.04.2022
https://www.ksta.de/kultur/lit-cologne/lit-cologne-campino-steckt-in-der-schreibblockade-23704736

## Keine Lust auf Bollerwagen

»Campino steht nicht auf den Vatertag«
BZ, 13.05.2022, Stand 02.04.2022
https://www.bz-berlin.de/leute/campino-steht-nicht-auf-den-vatertag

»Campino: Muttertag kann schwierig sein«
Süddeutsche, 14.05.2017, Stand 02.04.2022
https://www.sueddeutsche.de/leben/leute-campino-muttertag-kann-schwierig-sein-dpa.urn-newsml-dpa-com-20090101-170514-99-444994

## You'll Never Walk Alone

»Campino liebt Fortuna mehr als Freundin«
RP Online, 14.01.2002, Stand 02.04.2022
https://rp-online.de/panorama/campino-liebt-fortuna-mehr-als-freundin_aid-8748995

»It could be worse, it could be raining«
Büchermenschen, 05.11.2020, Stand 02.04.2022
https://buechermenschen.de/interview/bm_2020-5/exklusiv-interview-mit-campino/

## Bruder vor Luder

»Ich brauchte die Exzesse und den Kontrollverlust«
Focus, 09.09.2015, Stand 25.03.2022
https://www.focus.de/kultur/musik/ich-brauchte-die-exzesse-und-den-kontrollverlust-interview-mit-saenger-campino_id_2023872.html

## Der Lebensretter

»Zum Scheißen reicht's«
Volume, 12.11.2008, Stand 19.03.2022
https://www.volume.at/musik/interviews/campino-im-interview-zum-scheissen-reichts/

»Seine Ex packt über die Trennung aus«
Bunte, 16.01.2015, Stand 26.03.2022
https://www.bunte.de/stars/stars-die-liebe/liebes-aus-bei-stars/campino-seine-ex-packt-uber-die-trennung-aus-115161.html

## Ein Ja-Wort für die Ewigkeit

»Für mich war immer klar, dass ich nur einmal heiraten würde«
Spiegel, 5.19.2020, Stand 06.03.2022
https://www.spiegel.de/panorama/leute/campino-spricht-ueber-die-liebe-seine-hochzeit-und-seine-mutter-a-6409f601-1ab4-48a4-94ce-d9a6465c3066

»Da sind diese Momente von Herrlichkeit«
PromisGlauben, 14.11.2020, Stand 26.03.2022
https://promisglauben.de/campino-ueber-seine-vorstellung-von-gott-da-sind-diese-momente-von-herrlichkeit

## Der wahre Heino?

»Ich habe 50 Mio Platten verkauft – das schaffen die nicht mehr«
Rolling Stone, 21.02.2013, Stand 26.03.2022
https://www.rollingstone.de/heino-vs-campino-ich-habe-50-mio-platten-verkauft-das-schaffen-die-nicht-mehr-357178/

## Iro... was?

»Mittlerweile schätze ich Rammstein«
Augsburger Allgemeine, 23.10.19, Stand 06.03.2022
https://www.augsburger-allgemeine.de/kultur/Interview-Tote-Hosen-Saenger-Campino-Mittlerweile-schaetze-ich-Rammstein-id55780906.html

»Wir sind der letzte Pfeiler«
HAZ, 29.04.2017, Stand 27.03.2022
https://www.haz.de/Nachrichten/Kultur/Uebersicht/Wir-sind-der-letzte-Pfeiler

## Wer pinkelt in die Beete der First Lady?

»Punkalarm beim Ministerpräsidenten«
Spiegel, 23.06.2008, Stand 26.03.2022
https://www.spiegel.de/geschichte/musik-und-politik-punkalarm-beim-ministerpraesidenten-a-949346.html

»Irgendwann begannen die, in die Beete zu pinkeln«
Haz, 14.05.2018, Stand 26.03.2022
https://www.haz.de/Nachrichten/Kultur/Uebersicht/Toten-Hosen-Saenger-Campino-ueber-legendaere-Auftritte-in-Hannover-und-das-Bundesverdienstkreuz

## Ein Hauch von Sexismus

»Fangesänge haben etwas Sakrales«
TAZ, 13.11.2020, Stand 03.04.2022
https://taz.de/Campino-und-sein-Buch-Hope-Street/!5728409/

»Campino ist kein großer Freund des Frauenfußballs«
Augsburger Allgemeine, 16.06.2013, Stand 03.04.2022
https://rp-online.de/sport/fussball/fortuna/campino-mag-keinen-frauenfussball_aid-9428807

## ... und wie du wieder aussiehst!

»Campino spricht über das Verhältnis zu seinen Eltern«
Westfälische Nachrichten, 10.11.2017, Stand 27.03.2022
https://www.wn.de/welt/leute/campino-spricht-uber-das-verhaltnis-zu-seinen-eltern-1394973

»Tote-Hosen-Sänger Campino über seinen Vater: Ein treuer Fan der Band«
RND, 07.10.2020, Stand 27.03.2022
https://www.rnd.de/promis/campino-bei-lanz-sein-vater-sei-ein-treuer-fan-der-band-das-war-nicht-immer-so-R5WEMSVAHJDX3K7LXIXFM22SUE.html

»Für mich war immer klar, dass ich nur einmal heiraten würde«
Spiegel, 5.19.2020, Stand 06.03.2022
https://www.spiegel.de/panorama/leute/campino-spricht-ueber-die-liebe-seine-hochzeit-und-seine-mutter-a-6409f601-1ab4-48a4-94ce-d9a6465c3066

## Campino, Andy oder doch Herr Frege?

»Nie wieder besoffen unterwegs«
Focus, 15.11.2013, Stand 27.03.2022
https://www.focus.de/panorama/boulevard/nie-wieder-besoffen-unterwegs-campino_id_1883917.html

»Mittlerweile schätze ich Rammstein«
Augsburger Allgemeine, 23.10.19, Stand 06.03.2022
https://www.augsburger-allgemeine.de/kultur/Interview-Tote-Hosen-Saenger-Campino-Mittlerweile-schaetze-ich-Rammstein-id55780906.html

## Waren Sie jemals jung, Frau Merkel?

»Ich bin wohl eher konservativ«
TAZ, 13.11.2008, Stand 06.03.2022
https://taz.de/Tote-Hosen-Saenger-Campino-ueber-Rot-Gruen/!5172801/

»Campino fühlt sich manchmal wie zwölf«
Augsburger Allgemeine, 26.06.2013, Stand 03.04.2022
https://www.augsburger-allgemeine.de/panorama/Leute-Campino-fuehlt-sich-manchmal-wie-zwoelf-id25772601.html

## Der Blick in den Himmel

»Deutsch-Punk gegen das Vergessen«
Deutschlandfunk, 10.10.2014, Stand 03.04.2022
https://www.deutschlandfunkkultur.de/josef-neuberger-medaille-deutsch-punk-gegen-das-vergessen-100.html

## Ritterschlag

»Campino hat britische Staatsbürgerschaft angenommen«
Rolling Stone, 25.03.2019, Stand 03.04.2022
https://www.rollingstone.de/campino-toten-hosen-brite-1645777/

»Toten-Hosen-Sänger Campino über die Queen: Eine starke Frau«
Zeit, 20.10.2020, Stand 03.04.2022
https://www.zeit.de/news/2020-10/20/toten-hosen-saenger-campino-ueber-die-queen-eine-starke-frau

Campino: *Hope Street: Wie ich einmal englischer Meister wurde*
Piper Verlag 2020

## Ruhen wir wirklich in Frieden?

»Tote Hosen bieten Urne für Fans an«
RP Online, 19.09.2021, Stand 27.03.2022
https://rp-online.de/nrw/kultur/tote-hosen-bieten-urne-fuer-fans-an-bis-zum-bitteren-ende_aid-62841157

»Was war der Preis für meinen Lebensweg?«
RP Online, 31.12.2014, Stand 27.03.2022
https://rp-online.de/kultur/was-war-der-preis-fuer-meinen-lebensweg_aid-20112641#successLogin

https://shop.dietotenhosen.de/index.php/n.19-Neu/l.1722-Bio-Urne-Bis-zum-bitteren-Ende/, Stand 27.03.2022

»Spaß am Krach«
Stern, 11.11.2002, Stand 06.03.2022
https://www.stern.de/lifestyle/leute/campino-im-interview--spass-am-krach--3899952.html

## Nachwort

»Mittlerweile schätze ich Rammstein«
Augsburger Allgemeine, 23.10.19, Stand 06.03.2022
https://www.augsburger-allgemeine.de/kultur/Interview-Tote-Hosen-Saenger-Campino-Mittlerweile-schaetze-ich-Rammstein-id55780906.html

»Heulende Hosen kann niemand gebrauchen«
Merkur, 02.05.2017, Stand 27.03.2022
https://www.merkur.de/kultur/campino-im-interview-heulende-hosen-kann-niemand-gebrauchen-zr-8234699.html